기업 클라우드 IT 전략

- 빅데이터, 사물인터넷, 핀테크의 인프라 환경 -

조문증 著

 21세기사

기업과 클라우드 전략

이제는 클라우드가 기업의 핵심 IT 전략이 되었다. 클라우드 개념이 생긴 2005년에는 클라우드가 신기술처럼 이해되었으나, 이제는 기업이 클라우드를 중심으로 기업의 IT 전략을 새롭게 세우고 있다. 많은 선진 기업들은 클라우드를 활용하여 안정적이고, 비용 효율적인 IT 시스템을 구축하여 높은 수준의 서비스 품질을 유지하고 있다. 그 결과 기업은 클라우드를 통해 일차적으로 효율적인 IT자원의 활용을 통해 비용 효율화를 가져가고 있고, 궁극적으로 높은 수준의 IT 서비스 안정성을 확보하여 기업이 핵심 사업에 집중할 수 있도록 한다.

그러나 아직 기업들의 클라우드 전략 수립과 실행 수준은 낮은 것으로 보인다. 오히려 인터넷 중심의 신생기업들은 창업 초기부터 클라우드를 IT의 핵심 전략으로 가져가지만, 대형 기업이나, 전통 사업을 추진하는 기업일수록 클라우드로 전환이 더딘 것을 볼 수 있다. 대형 기업일수록 많은 IT 인력을 가지고 있을 뿐만 아니라 매년 상당한 규모의 IT 예산을 집행하고 있으면서 클라우드에 관한 관심과 의지가 있지만, 적극적인 클라우드 추진이 늦어지고 있는 비정상적인 상황이 지속되고 있다.

여러 이유가 있지만, 무엇보다 신생기업처럼 작은 기업은 전담 IT 인력을 보유하고 있지도 않고, IT 예산도 규모가 작아서 클라우드 외에는 마땅한 대안을 가지고 있지 않아 클라우드 전략을 사업 초기부터 결정하고 추진한 결과이다. 반면에 대기업, 중견기업은 레거시(legacy)라고 불리는 기존 시스템들을 유지하고 운영하고 있어, 클라우드 전략 실행에 커다란 걸림돌이 되기 때문이다.

그동안 필자가 만난 여러 기업의 클라우드 전략 수립과 추진에서 문제점을 파악해 보면 기존 레거시 시스템 이외에 다음과 같은 공통된 문제점을 가진 것을 볼 수 있었다.

기업 클라우드에 대한 정보가 부족하다.

기업 IT 담당자들을 대상으로 많은 클라우드 교육과 세미나가 진행되어 클라우드의 기본적인 개념과 시장 정보는 공유되었다. 그러나 기업 관점에서 클라우드 전략의 수립과 실행에 대한 전반적인 정보가 부족하다. 즉, 기업이 클라우드를 활용하여 사업과 IT 전략에 어떻게 적용할 것인가에 대해서는 명확히 설명하는 기업 책임자나 IT 담당자를 만나보기 못하였다.

이런 상황이 만들어진 배경에는 컨설팅과 솔루션 기업들이 클라우드를 새로운 기술 트렌드로 소개하면서 클라우드 도입으로 인한 기업의 사업적 성과보다는 단기적 목표로 새로운 시스템의 구축, 솔루션 판매, 신규 서비스 도입에만 집중하였기 때문이다. 기업이 사업적, 전략적 방향성 없이 추진하는 단발성 프로젝트로는 클라우드가 제공하는 기업의 경영적 성과를 달성할 수 없다.

또한, 시중에 나와 있는 클라우드 관련 정보들은 다양한 분야의 많은 기술을 단편적으로 나열하였거나, 반대로 일부 기술에 대한 상세한 구현 방법을 설명하여 기업이 원하는 전체적인 IT 전략을 제시하지 못한 한계가 있다. 따라서 기업 관점에서 기업이 왜 클라우드를 도입해야 하고 어떻게 도입을 추진해야 하는가에 대한 방안 제시가 부족하여 기업의 클라우드 전략 수립과 실행 과정에 정작 도움을 주지 못하였다. 단적으로 기업 IT 담당자들이 클라우드가 무엇인지는 알겠는데 기업에 어떻게 적용해야 할지는 모르겠다고 한다.

기업의 클라우드 전략 실행 가이드가 부족하다. ☁

기업의 IT부서의 결정 또는 경영진의 지시로 클라우드 전략 수립과 실행을 착수하더라도 이를 추진하기 위한 실제적인 가이드를 찾아보기 힘들다. 일반적으로 클라우드 프로젝트가 시작되면 제일 먼저 기술 검토에 들어가게 되는데 클라우드에는 IT 관련 모든 기술이 통합되어 있어 전체를 이해한다는 것이 현실적으로 불가능하고 또 여기에 관련된 수많은 솔루션을 평가하는 것 자체가 쉽지 않은 일이다.

설령 클라우드의 기술을 파악한다고 하더라도 경영진을 설득하기 위해서는 클라우드의 사업적인 영향과 효과를 설득하고 이를 통해 전사차원의 투자나 비용 지원을 받아 내야 한다. 그러나 지금까지 나온 정보들이 세부 기술을 소개하였거나 경영 사례들이라서 각 기업의 사업적, 기술적 환경에 딱 맞는 종합적이고 맞춤형 가이드를 주지 못하였다. 즉, 클라우드 관련한 상식적인 정보와 지식만으로는 경영진을 설득하는 데 한계가 있어 각 기업이 클라우드 전략을 수립하고 실행하는데 어려움을 겪었고 결과적으로 클라우드 과제가 추진되지 못하게 되었다. 클라우드의 가장 큰 효과가 경영 성과를 높이는 것인데 정작 클라우드의 도입에 따르는 경영 성과를 경영진에서 설득하지 못하는 이해하기 어려운 상황이 발생하고 있다.

그래서 이 책은 클라우드의 전략 수립과 실행을 위한 가이드를 다루었다. 즉, 기업 관점에서 클라우드의 의미와 클라우드 전환과 운영을 통해 기업 경영에 기여하는 것을 다루고자 한다. 특히 필자가 그동안 기업에서 클라우드 환경을 기획하고 설계하고, 이를 구축 운영하면서 얻었던 지식과 경험을 바탕으로 각 기업이 클라우드 전략을 통해 기업의 사업적 목표를 어떻게 달성할 것인가에 초점을 맞추었다. 이러한 목적에 맞추어 다음과 같은 방향을 가지고 책을 저술하였다.

1) 기업의 IT 전략 관점에서 클라우드를 기술하였다.

이 책은 IT 시스템 개발자를 위한 교육 지침서가 아니다. 클라우드 전략 수립과 실행을 위한 가이드이다. 따라서 클라우드 전략을 이해하는 데 필요한 기술만 다루었고 그 기술들이 사업적으로 어떤 영향이 있고, 실제 기업의 활동에 적용되어야만 하는지를 설명하고자 하였다. 클라우드는 기술적으로 범위가 넓고 융합된 것이라 이를 다 이해하는 것은 불가능하고 이해를 하더라도 기업의 IT 전략과는 무관하다. 전략 수립에 꼭 필요한 기술을 알기 쉽게 설명하였고, 이 기술들의 사업적, IT 전략적 의미만 설명하였다.

기업의 IT 전략 수립과 운영에는 일정한 프로세스를 가지고 있다. 계획을 수립하고 이를 승인 받는 단계에서 검토되어야 할 항목들이 있어 각 항목에 대한 충분한 근거가 마련되어야 한다. 또 계획이 승인된 이후 실행 단계에서 준비되어야 할 항목들이 있다. 따라서 클라우드 전략 승인 후 계획 수립, 실행, 운영 단계들로 나누어 각 시점에 필요한 업무들을 상세하게 다루었다.

2) 최신 클라우드 전략에 초점을 맞추었다.

클라우드 기술은 계속 발전하고 있다. 지금 이 순간에도 새로운 클라우드 서비스가 계속 발표되고 있다. 새로운 대체 기술이 나오면 과거의 기술은 무의미해진다. 사용자에게 선택 받지 못한 기술과 서비스는 사라진다. 기술과 서비스뿐만 아니라 클라우드 기업도 생겨나고 또 사라지고 있다. 단지, 3년 전에 조사된 클라우드 서비스 조사 자료를 보면 지금의 것과 상당히 차이가 있다. 변화하는 기술 흐름과 사용자의 요구에 따라 지속적으로 혁신을 수행한 클라우드 사업자와 서비스만이 살아남았다. 앞으로 5년 후에도 똑같은 상황이 클라우드 시장에서 벌어져 지금 시장에서 성장하고 있는 클라우드 기업 중에 많은 기업이 사라질지도 모른다.

더욱이 기업 클라우드의 사용자인 각 기업의 IT 상황은 매년 변화한다. 새로운 사업적 요구와 기술적 흐름에 따라 각 기업은 클라우드 전략을 변화시키고 환경에 적응해야 한다. 따라서 변하지 않는 클라우드의 바이블은 없다. 단지, 기업 입장에는 현재 시점에 최선의 클라우드 전략만 있을 뿐이다.

따라서 이 책은 현재 시점, 특히 2016년을 기준으로 클라우드 전략을 다루었다. 지금 IT 환경과 클라우드 서비스를 기준으로 선택 가능한 여러 방법을 제시하고 그중에서 기업에 맞는 최선의 전략을 추천하는 데 중점을 두었다. 이런 측면에서 책의 내용과 연관된 최근 신문 기사를 수록하여 기업들의 클라우드 전략 추진 상황과 클라우드와 관련된 IT 흐름을 독자들이 이해할 수 있도록 제공하였다. 2018년, 2019년에 클라우드 전략은 지금과 완전히 달라지지 않겠지만 상당 부분 달라질 것으로 예상한다. 이후 기회가 된다면 2018년 2019년 클라우드 전략에 대해서 다시 저술하는 기회가 만들어지길 희망한다.

3) 기업의 의사 결정자와 실무자를 위해 기술되었다.

이 책은 클라우드 전략에 의사 결정이나 영향력이 있는 기업의 관리자 관점에서 기술되었다. 클라우드는 기업의 업무 환경을 근본적으로 바꾸는 일이기 때문에 클라우드 전략이 승인되고 수행되기 위해서는 CXO(CEO, CFO, CTO, CIO 등) 레벨 경영진의 지원이 필수적이다. 따라서 책의 내용을 관리자의 눈높이에 맞추고, 이들이 관심 있는 부분을 주로 다루었다.

이 목적을 위해 세부 기술적인 부분은 과감하게 삭제를 하여 IT 기술을 잘 모르는 경영진과 일반 직장인들도 이해할 수 있도록 저술하였다. 그 대신 일관되게 경영진의 클라우드에 대한 이해를 높이고, 클라우드와 사업성과와의 관계를 설명하여, 자연스럽게 클라우드 전환을 추진하도록 초점을 맞추었다.

실무자 관점에서는 클라우드 전략 수행 과정에서 발생하는 경영진의 다양한 질문에 대한 해답을 제공한다. 클라우드 전략을 수립하면서 어떤 관점에서 경영진을 설득할 것이며, 경영진의 공격에 어떻게 방어할 것인지 해답을 준다. 이러한 과정을 거쳐 클라우드 관련 과제 승인과 예산 지원을 받아 낼 수 있을 것이고, 더불어 IT부서가 클라우드를 통해 기업의 사업성과에 기여하고 있는지 설명할 수 있는 근거를 제공해 준다.

이제 클라우드 전략은 기업의 여러 IT 전략 중 선택 사항이 아니다.

기업 IT 전략의 필수이면서 핵심 전략이다. 이는 클라우드가 하나의 기술적 솔루션을 제공하는 일시적인 기술 트렌드가 아니라, 미래 IT 전략이 지향하는 방향이며 IT가 기업의 경영에 기여하는 핵심 도구이기 때문이다.

필자는 그동안 많은 기업이 클라우드 전략에 대한 잘못된 이해와 두려움을 가진 것에 아쉬움을 느끼고 있었는데 이 책으로 인해 기업들이 클라우드로 전환이 활발히 이루어지고, 각 기업이 IT에 대한 무거운 짐을 벗어나 길 희망한다.

아무쪼록 모든 기업이 클라우드를 통해 핵심 역량에 집중하여 본연의 사업에서 성공하기를 간절히 기원하는 바이다.

2016년 3월

조 문 증

책의 구성

이 책은 클라우드 서비스를 소비자 관점에서 사용하려는 기업과 공급자 관점에서 제공하려는 기업을 위해서 만들었다. 클라우드 서비스를 사용하려는 기업은 기존의 IT 환경을 클라우드로 전환하여 비용 절감이나, 빠른 사업 대응을 통해 기업 경영에 기여하는 것을 희망할 것이다. 클라우드를 제공하려는 기업은 기존의 IT 환경을 클라우드로 현대화, 고도화하여 현재 사업의 경쟁력을 높이고 새로운 사업 기회를 찾고자 할 것이다.

이 책은 이러한 각 기업의 목적에 맞게 직접적이고, 구체적이고, 실행 가능한 해답을 제공하려고 한다. 또 이미 클라우드를 도입하였지만 기대했던 것보다 미흡한 결과로 고민하는 기업들에도 클라우드 도입 과정에서 문제가 발생한 원인과 그 대책을 찾는 데 큰 도움이 될 것으로 기대한다.

따라서 이 책은 그동안 개발된 기술과 연구 결과를 참고하였지만, 이론적인 내용보다 실제 경험을 통해서 얻은 내용을 중심으로 다루었다. 이 책의 목적이 각 기업이 실무에 활용할 수 있게 하려고 썼기 때문에 이러한 방식으로 기술하였다. 가능한 많은 기업의 경우를 다루기 위해서 노력하였지만, 필자가 가진 지식과 경험이 부족하여 모든 기업의 상황을 고려하지 못하였다. 따라서 독자 중에 실제 업무에 적용하는 데 어려움이 있을 것으로 생각된다. 혹시라도 책 내용에 의문점이 있거나 기업에 실제 적용하면서 도움이 필요하면 필자에게 연락을 주기 바란다.

이 책은 아래와 같이 구성되어 있다.

1부에서는 클라우드의 시작과 발전을 살펴보았다. 사실 클라우드라는 용어가 기술적 용어보다는 상업적 용어로 시작되어 역사를 이야기하는데 한계가 있지만, 클라우드가 시작되고 확산된 과정을 살펴본다. 또한, 지금까지 많은 기관에서 연구된 결과와 산업계에서 논의된 내용을 바탕으로 가장 광범위하게 인정되고 있는 클라우드 개념을 정의하고, 클라우드 서비스가 가진 고유의 특성을 설명한다. 또한, 클라우드 산업계가 사용하는 용어들을 바탕으로 이 책에서 사용될 클라우드 용어를 정의하고, 그 의미를 정확히 하려고 한다.

2부에서는 클라우드의 시장 상황과 사업자 상황을 살펴보고자 한다. 필자의 생각으로 아직 국내 클라우드 시장은 초기 상태로 보고 있다. 성숙기가 되려면 많은 변화가 있을 것으로 예상하지만 현재 상황을 분석해 보려고 한다. 특히, 대표적인 클라우드 기업과 이들 기업의 전략을 살펴보고, 향후 이들 기업이 클라우드 시장에서 어떤 전략을 구사할지도 조심스럽게 예측해 보려고 한다. 또한, 많은 기업이 클라우드를 도입해서 얻게 되는 가치에 대해서 정확하지 않거나 잘못된 통념이 있다는 것을 자주 보아 왔다. 따라서 기업이 클라우드를 도입해야만 하는 이유를 사업적인 측면, 재무적인 측면에서 다루어 보면서, 이를 가치가 기업의 경영 성과에 어떻게 연결이 되는지 살펴본다. 그와 더불어 많은 경영진과 심지어 엔지니어까지 잘못 알고 있는 클라우드에 대한 오해를 다루고자 한다. 일부 클라우드 기업들이 단기적인 사업성과를 위해서 만들어낸 잘못된 정보는 정확한 의사 결정을 내리는데 장애로 작용할 뿐만 아니라, 결과적으로 국내 클라우드 시장의 발전을 막는 큰 걸림돌이 되고 만다. 지금까지 시장에 나와 있는 클라우드에 대한 잘못된 생각을 바꿀 정확한 정보를 제공하고자 한다.

3부에서는 기업이 클라우드 전략을 수립하고, 계획하고, 실행하는 과정을 단계별로 상세히 설명한다. 클라우드 전환에 대한 기업 내부의 합의와 의사 결정을 받아내는 것, 구체적인 계획을 세우는 것, 계획을 실행하는 것에 대해 다루고자 한다. 많은 기업이 클라우드에 대한 개념은 알고 있지만, 실행을 하지 못하는 것은 클라우드 전환에 대해서 아무런 정보와 가이드가 없기 때문이다. 이 장에서는 기업 실무자가 활용할 수 있도록 클라우드의 전략을 수립하고 실행하기 위해 준비해야 할 일들을 다루었다.

4부에서는 기업이 클라우드를 운영하고 사업에 활용하는 것에 관해 설명한다. 클라우드로 전환한다고 자동으로 경영 성과가 좋아지고 재무적인 효과가 나타나는 것이 아니다. 클라우드의 활용도에 따라 성과는 큰 차이를 보일 수밖에 없다. 클라우드로 IT 환경을 전환한 이후에 해야 할 운영 업무를 나열하고 이들 업무를 자동화하는 방안을 제시한다. 또한, 클라우드의 대표적인 이슈인 보안에 대해서 다루고자 한다. 사실 보안에 대해서는 막연한 두려움이 많은 것으로 생각되는데 클라우드 보안에 대해서 보안 위협의 종류와 이에 대한 대책을 중심으로 다루었다. 마지막으로 클라우드를 활용한 Big Data, IoT에 대해 다루고 클라우드 미래에 대해서도 전망을 한다.

목 차

Part 01

클라우드의
개요

기업에 클라우드를 도입하기 위해서는 먼저 클라우드에 대한 정확한 이해가 있어야 한다. 1장에서는 클라우드 용어가 만들어지고, 그 개념이 발전된 과정을 설명한다. 2장에서는 클라우드의 정의를 통해 개념적인 이해를 명확히 한다. 3장에서는 클라우드와 관련된 기술과 용어를 설명한다. 클라우드에 대한 많은 기술적인 내용이 있지만, 기업이 클라우드 전략을 세우는 데 필요한 부분을 기술적인 세부 내용보다는 전략 수립에 꼭 필요한 부분만 설명한다.

클라우드의 시작과 발전

국내 IT 시장에 클라우드라는 용어가 쓰인 것이 10년이 되지 않았다. 그 기간 동안 클라우드가 IT 시장의 핵심 주제로 여러 번 다루어졌고, 지금도 다루어지고 있다. 사실 클라우드의 시작도 애매하고, 그 개념도 모호한 상태이지만 엔지니어뿐만 아니라 경영, 재무에 있는 수많은 사람들이 클라우드라는 단어를 사용하고 있다.

이번 장에는 클라우드의 시작과 상업적으로 발전하게 된 과정을 살펴보고자 한다. 그리고 기대만큼 클라우드 시장이 활성화 되지 않은 이유도 분석해 보고자 한다.

클라우드의 시작은 명확하지 않다. ☁

클라우드를 이야기하기 전에 먼저 컴퓨팅의 역사를 간단히 다루어 보고자 한다.

60, 70년대 초기 컴퓨터는 메인프레임(Mainframe)에서 시작되었다. 메인프레임 컴퓨터와 더미 터미널(dummy terminal)로 구성된 IT 환경으로 컴퓨팅 자원을 제공하였다. 모든 컴퓨팅은 연산장치, 메모리를 가진 메인프레임에서 처리하고 더미 터미널은 말 그대로 단지 사용자의 입력을 받고, 메인프레임에서 처리된 연산 결과를 사용자에게 보이기 위해 사용되었다. 이런 컴퓨팅 환경이 구축된 것은 메인프레임이 매우 고가의 컴퓨팅 자원이라서 혼자 독점하지 못하게 하고 여러 사람이 공유할 수 있게 하여 컴퓨터의 활용도를 높이기 위해서이다.

그러다가 CPU 성능이 급속도로 높아지고, 메모리 가격이 급격히 하락하면서 메인프레임이 고성능이면서 소형화 되었고, 이와 더불어 컴퓨팅 기술이 개인용으로 쓸 정도로 보편화가 되었다. 개인이 구매할 수 있는 저가이면서 소형이고, 고성능 컴퓨터인 PC 데스크탑, 노트북 컴퓨터가 보급되었다. 특히 소프트웨어 기술의 발달로 문서 작성기, 수식 계산 등 다양한 애플리케이션이 만들어지면서 컴퓨터의 활용 분야가 다양해졌다.

이후 분산 컴퓨팅이 발전하기 시작하였다. 분산 컴퓨팅은 분산된 여러 컴퓨터를 서로 연결하고 통합해서 하나의 막대한 컴퓨팅 파워와 저장공간을 제공하는 방식이다. 컴퓨터가 많이 보급되었으나 대부분 시간에는 컴퓨터가 사용되지 않고 있어 활용도가 낮을 뿐만 아니라 점점 더 복잡한 연산과 대규모 저장 장치가 필요한 컴퓨터 응용이 생기면서 개인용 컴퓨팅의 한계가 오게 된 것이다. 따라서 하나의 컴퓨터에서만 연산을 수행하는 것이 아니라 여러 컴퓨터가 연산을 나누어 수행하면 결과적으로 더 빠른 속도의 계산이 가능하다. 또 여러 곳의 저장공간을 통합하면 하나의 커다란 저장 공간을 만들게 되어 대용량 데이터의 저장과 처리가 가능하다.

컴퓨팅 역사로 보면 클라우드 컴퓨팅은 일종의 분산 컴퓨팅이다. 또 대규모 컴퓨팅 자원을 여러 사람들이 나누어 쓴다는 관점에서 보면 초기 메인프레임 컴퓨팅과 유사하다. 클라우드 컴퓨팅은 컴퓨팅 자원을 지역적으로 분산하여 배치하지 않고, 한 곳에 대규모로 집중해 놓아 운영비용을 절감하고, 집중된 컴퓨터들을 전문적으로 운영하는 방법을 제공한다. 즉, 클라우드 사업자는 수많은 서버들을 데이터센터(Datacenter)라고 불리는 장소에 모아 놓아 대량 구매를 통해 컴퓨터 구입비용을 낮추고, 서버 운영을 위한 공동의 환경을 구성하여 전기, 냉방, 임대료를 줄여서 경제학에서 이야기 하는 규모의 경제를 이루게 하였다. 운영적인 면에 있어서도 IT 운영이 기술 전문분야라서 각 기업이 전문 인력을 확보하기 어려운 상황이다. 따라서 클라우드 사업자는 데이터센터에 대규모의 IT 전문 인력을 확보하여 서비스를 안정적으로 운영한다. 이것이 클라우드의 기본 구조이다. 여기에 필요한 때에 즉시 IT자원을 제공하고, 사용한 만큼 과금하는 등 클라우드의 고유 기능들이 추가되면서 클라우드 서비스가 완성되었다.

재미있는 것은 클라우드 서비스가 만들어진 후에도 클라우드라는 용어가 널리 사용되지 않았다. 일부 자료를 보면 클라우드의 역사를 설명하면서 1965년 미국의 컴퓨터 학자인 존 매카시(John McCarthy)가 "컴퓨팅 환경은 공공시설을 쓰는 것과 같은 것"이라는 개념을 만들어 낸 것을 시작으로 보기도 한다. 그러나 당시 인터넷이 보편화되지 않은 상황이고, 클라우드 컴퓨팅이라는 단어를 사용하지 않아 큰 의미는 없을 듯하다. 그 이후에 1990년에 와서 많은 기기들이 네트워크에 연결되고, ATM, 항공예약시스템 같은 서비스가 만들어지면서 클라우드라 불리지 않았지만 어느 정도 개념이 생기게 되었다. 그리고 나서 인터넷이 활성화된 2006년에 구글에서 클라우드 컴퓨팅이라는 용어를 사용하였다고 한다.

　그러나 이런 설들이 있지만 무엇보다 인터넷이 활용되기 시작한 1990년대에 컴퓨터 관련 연구 논문이나 기사에서 클라우드라는 용어는 쓰지 않았지만 인터넷 망에 연결된 컴퓨팅을 표현할 때에 구름 형태로 표시하였다. 구름 아래는 여러 개의 PC 클라이언트들이 있고, 구름 위에는 강력한 컴퓨팅 능력이 있는 서버로 인터넷 환경을 표현 하였었다. 아래 그림은 2001년에 발표한 필자의 논문에 수록된 그림 중에 하나이다. 역시 구름으로 인터넷을 표현하였다. 결국 클라우드의 시작을 찾는 것은 아무 의미가 없어진다. 그냥 많은 학자나 기자들이 관행적으로 구름으로 표현하였던 인터넷 환경을 클라우드라고 부르게 된 것이다.

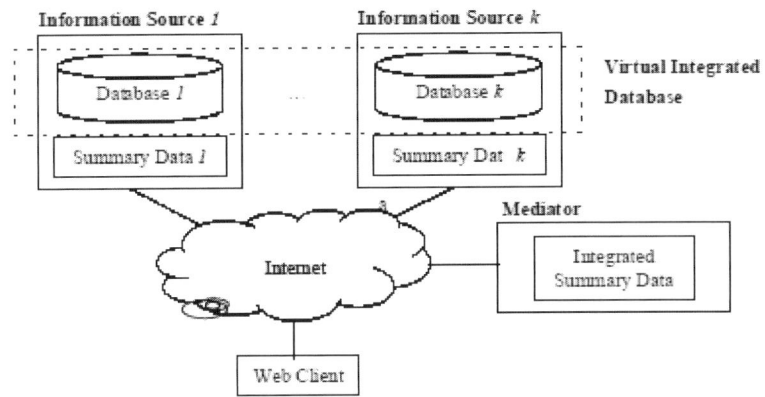

Fig. 1. A model for processing queries in the Internet.

출처 : Data and Knowledge Engineering, Vol. 39, Issue 3, pp. 293-312, Dec. 2001.

사실 누가 언제 클라우드를 이야기 한 것이 정확하지도 않고, 중요하지도 않다. 단지 클라우드는 인터넷에 연결된 대규모의 서버, 스토리지 같은 IT 자원이라는 개념이 용어로 되었다. 이처럼 모호한 용어가 IT 산업에 커다란 영향을 미치게 된 것은 미국의 IT 리서치 기업인 가트너(Gartner)의 영향이 크다.

클라우드가 상업적인 개념으로 발전하다.

미국 코네티컷주에 본사를 둔 IT분야 최대 리서치 기업인 가트너는 1979년에 설립되었다. 가트너는 기업과 정부기관 등의 전략을 분석하여 미래 IT

트렌드를 예측하는데 높은 신뢰도를 가지고 있다. 가트너는 이 역량을 활용하여 많은 글로벌 기업과 정부기관들을 대상으로 IT 전략을 컨설팅하고, 실행 계획을 수립하는 사업을 추진해 오고 있다.

특히 가트너는 매년 10월에 미국 올랜도에서 대규모 심포지엄을 열어서 자체적으로 자료 수집하고 분석한 결과를 바탕으로 다음해에 IT 분야에 이슈가 될 10대 기술을 발표한다. 이 내용은 세계 모든 매체에 중요 기사로 발표된다. 필자도 기회가 있어 가트너 심포지엄을 참석한 적이 있다.

세계 각국에서 수많은 IT 기업의 종사자들이 올랜도에 모이고 이때 주변 호텔은 거의 만원이 된다. 수많은 발표 세션이 열리고, 수많은 참석자가 이동하면서 셔틀버스들이 계속해서 참석자들을 실어 나른다. 가트너 컨설턴트가 세션을 발표하고 나면 참석자들과 시장 전망과 각 기업의 전략에 대한 상담이 진행된다. 심포지엄에 참석한 기업의 입장에서는 가트너 발표 내용이 내년 사업의 핵심 주제가 되기 때문에 적극적으로 참여한다.

참석자 중에는 IT 컨설팅 회사가 많은데 결국 가트너가 컨설팅 회사를 위한 컨설팅 하는 행사가 가트너 심포지움이다.

2015년 가트너의 10대 기술에 사물인터넷(IoT : Internet of Things)이 발표되면서 많은 IT회사들은 사물인터넷 관련 컨설팅을 수행하면서 사물인터넷의 개념과 사업적인 의미를 지속적으로 마케팅을 하였다. 그리고 나서 기업들이 사물인터넷 분야에 흥미를 보이면 관련 컨설팅이나 시스템구축 과제제안을 한다. 제안서에서는 이번 과제가 가트너가 선정한 10대 기술에 포함된 사물인터넷이라는 점을 강조해서 설명한다.

이런 측면에서 클라우드가 IT의 중요한 트렌드로 자리 잡는 데는 몇 년에 걸쳐 지속적으로 클라우드를 중요 테마로 선정한 가트너의 영향이 크다. 물론 가트너가 기술과 시장의 흐름을 인식하고 분석해서 중요한 통찰력을 가지고 제안했다는 것은 분명하다. 반면에 클라우드가 가트너를 통해 더 크게 이슈화되고, 많은 IT 기업이 참여 하면서, 클라우드 시장이 만들어지고 성장하면서 클라우드의 상업화에 영향을 준 것도 사실이다.

뒤돌아보면 가트너는 2009년에서부터 2015년까지 매년 전략기술에 클라우드 컴퓨팅을 언급하고, 관련한 기술을 지속적으로 소개하였다. 조금 더 정확히는 2008년 10대 전략 기술로 클라우드의 필수기술인 가상화(Virtualization)를 제시하였고, 클라우드를 직접 언급하는 것은 2009년이다. 가상화와 클라우드의 관계는 3장에서 설명할 예정이다.

이후 2010년, 2011년 클라우드 컴퓨팅이 10대 전략기술로 선정되었고, 2012년에는 'i) 퍼스널 클라우드, ii) Hybrid IT & 클라우드 컴퓨팅'이 선정되면서 클라우드 관련 내용이 증가하고 분야도 세분화 되었다. 퍼스널 클라우드는 마이크로소프트 OneDrive, 애플 iCloud, 네이버 클라우드처럼 인터넷으로 개인이 IT자원을 사용하는 서비스를 의미한다. 하이브리드 IT와 하이브리드 클라우드도 이때부터 언급이 되었지만, 현재도 아직 진행 중인 이슈이다.

2013년에는 'i) Hybrid 클라우드, ii) Service Broker, iii) 클라우드/클라이언트 아키텍처, iv) 퍼스널클라우드, v) SW정의'로 가장 많은 내용을 다루었던 시기였다. 이때가 가트너가 클라우드를 가장 집중적으로 다루었던 시기였고, 거의 모든 클라우드의 개념이 이때 정리되었다. Hybrid 클라우드, Service Broker 등은 이 책에서 자세히 다룰 예정이다.

2015년에는 클라우드라는 용어는 강조되지 않았으나, '시스템 아키텍처, 서비스 아키텍처, 보안 아키텍처' 등의 이름으로 클라우드가 여전히 중요 기술로 존재하고 있다. 또, 첨단 기계 학습, 사물인터넷 플랫폼 같은 기술은 클라우드를 활용해야만 구현이 가능한 기술로 클라우드라는 단어가 들어있지 않지만, 여전히 클라우드가 전략기술의 핵심이다.

일부는 가트너가 클라우드를 더 이상 강조하지 않으니 이제 클라우드 시대는 끝난 것이 아닌가라는 시각이 있다. 그러나 클라우드가 새로운 트렌드인 시대는 끝났고, 모든 기업이 당연히 받아드리고 기존 IT 환경에 적용했어야 하는 상식이 되어 더 이상 언급하지 않는 것이다. 즉, 클라우드가 신기술, 전략기술이 아니라 현대적인 IT 환경 그 자체이기 때문이다.

결론적으로 인터넷 기술이 기업의 사업적 목적과 맞아져 진화한 것이 클라우드이다. 클라우드는 인터넷기술의 발달에 따라 IT자원을 제공하는 효과적인 방법을 제공한다. 그런 측면에서 가트너가 기술과 경영의 흐름에 대한 탁월한 통찰력이 있고, 이를 신속하게 경영자에게 전파하여 클라우드 시대를 앞당기는데 기여를 하였다. 그리고 이제 클라우드는 새로운 유행을 넘어서 기업들 IT 환경에 적용되고 내재화되어야 한다. 그 때가 오면 IT환경 그 자체가 클라우드가 되어 클라우드라는 단어는 없어질 것이라 생각된다.

〈관련 기사〉
• 2015년 10월 12일, "디바이스 메시, 앰비언트 사용자 경험 등 2016년 10대 전략 기술 동향 발표...가트너", ITWorld, http://www.itworld.co.kr/news/95959
• 2015년 10월 12일, "가트너, 2016년 10대 전략 기술…알고리즘 비즈니스 부상", IT뉴스, http://www.itnews.or.kr/?p=16226

📝 기사 요약

가트너가 2016년 기업에 영향을 미칠 10대 전략기술을 선정 발표하였다. 가트너가 선정한 기술들은 IT산업에 트렌드로 인정되어 기업들의 IT전략 수립과 프로젝트 계획에 영향을 미친다. 따라서 IT기업은 가트너가 선정한 전략기술 중심으로 신년의 사업 계획을 세운다.

가트너에서 발표한 2016년 10대 전략기술은 다음과 같다.

• **디바이스 메시(Device Mesh)** : 디바이스 메시는 애플리케이션을 통해 개인은 물론, 커뮤니티, 정부, 기업과 정보를 주고받을 때 사용되는 디바이스이다. 디바이스 메시에는 모바일, 웨어러블, 가전제품, 자동차 같은 일반적인 디바이스뿐만 아니라 사물인터넷(IoT) 디바이스도 포함된다.

• **주변 사용자 경험(Ambient User Experience)** : 주변 사용자 경험은 사용자의 위치가 변화하거나 디바이스가 변화가 되더라도 사용자의 경험을 그대로 유지하는 기술이다.

• **3D 프린팅 소재** : 3D 프린팅에 사용되는 소재가 기존의 플라스틱 중심에서 금속, 유리, 전기 장치, 생물학적 소재 같은 것으로 확대되면서 항공, 의료, 에너지 같은 분야로 3D 프린팅 기술이 활용된다.

• **사물 정보(Information of Everything : IoE)** : 디바이스 메시가 문자, 오디

오, 비디오 정보뿐만 아니라 온도, 습도, 의료 정보를 생산하고, 사용하고, 전송한다. 이들 정보를 수집, 저장, 처리, 분석하기 위한 기술이 필요하다. 이들 정보는 클라우드 환경에서 처리된다.

- **첨단 기계 학습(Advanced Machine Learning)** : 기계 스스로 인식하고 판단할 수 있는 지능을 제공하는 기계 학습 기술이 중요해지고 많은 기술이 개발될 것이다. 기계 학습을 위해서는 강력한 컴퓨팅 자원과 대규모 데이터의 처리가 필수적이다. 이를 위해서는 클라우드 환경이 필요하다.

- **자율 에이전트와 사물** : 기계 학습을 활용한 무인 자동차, 로봇, 지능형 개인 비서 같은 시스템들이 만들어진다.

- **능동형 보안 아키텍처(Adaptive Security Architecture)** : 클라우드 사용 확대로 보안이 더욱더 중요해지고, 기존의 수동형 보안 방식에서 예방 중심의 능동형 보안으로 아키텍처 변경이 일어난다.

- **첨단 시스템 아키텍처(Advanced System Architecture)** : 디바이스 메시 같은 IoT와 첨단 기계 학습을 위해서는 새로운 시스템 아키텍처가 만들어져야 한다. 이 아키텍처는 클라우드 기반 아키텍처이다.

- **연결된 앱과 서비스 아키텍처(Mash App and Service Architecture)** : 지속적인 서비스 확장을 위해서는 유연한 애플리케이션이 필요하고, 서비스 아키텍처도 그러하다. 확장성과 유연성, 민첩성을 제공하는 클라우드 아키텍처가 필요하다.

- **사물인터넷 플랫폼** : IoT 플랫폼은 표준화된 인터페이스로 통합이 쉽고

보안을 포함한 디바이스의 관리를 제공하는 기능이다. 구글이나 애플처럼 IoT 플랫폼을 확보한 기업이 향후 IoT 산업의 중추적인 역할을 할 수 있을 것이다.

가트너의 2016년 10대 전략기술을 전체적으로 살펴보면 명확히 클라우드라 표현되지 않았지만 모든 기술이 클라우드를 기반 인프라로 활용하는 것을 가정하고 만들어져 있다. 사물인터넷, 인공지능 등 미래의 IT 아키텍처 모두 클라우드를 가정하고 만들어졌다.

국내 클라우드의 전성기는 아직 시작되지 않았다. ☁

가트너의 영향도 있었지만 많은 IT 기업들이 2009년부터 클라우드를 기업의 IT 전략으로 선정하고 대규모 컨설팅 프로젝트를 수행하고, 클라우드 관련 솔루션이 개발되면서 IT 예산에서 클라우드의 비중이 급격히 늘어나는 것처럼 보였다. 마이크로소프트, 오라클 같은 전통 IT 기업도 클라우드 기업으로 변화하겠다고 선언하고 나서면서 국내의 기업들이 클라우드에 대한 관심이 고조되기 시작하였다. 삼성전자 같은 대기업이 클라우드를 도입하면서 글로벌 클라우드 기업이 국내 시장을 진출하기 시작하고 적극적인 영업 활동을 시작하였다. 국내 통신사들은 앞으로 지향할 IT의 미래는 클라우드라고 선언을 하였고 관련한 제품과 서비스들이 출시되었다. SI 회사들은 클라우드 관련 사업을 수주하는데 적극 나서기 시작하였다.

그러나 현재 상황을 보면 IT 예산이 충분하지 않고, IT 운영 인력을 보유하고 있지 않은 스타트업이나 중소기업에서는 클라우드가 보편화 되었으나, 시장 규모나 기술적 영향력이 큰 중대형기업 중심의 기업 클라우드 시장은 아직도 초보단계로 보인다. 오히려 대기업은 충분한 예산과 전문 기술 인력을 보유하고 있으나, 클라우드 전략을 세우지 못한 상태이고, 클라우드 도입에 소극적인 모습을 보이고 있다. 결과적으로 큰 기대를 가지고 시작되었던 국내 기업형 클라우드 시장이 성장기에 진입하지 못하고 활성화가 안 되고 있다. 국내 클라우드 업체뿐만 아니라 외국에서 진출한 많은 클라우드 기업이 만족할 만한 성과를 내지 못하고 고전하고 있다.

이러한 일이 발생한 여러 이유가 있지만 가장 중요한 이유는 클라우드 도입을 통해 기업의 성공 사례(Best Practice)가 부족한 것이 가장 큰 원인이다. 클라우드 도입으로 기업이 새로운 성장 기회를 찾았거나, 경영상의 애로점을 해결하였다면 국내에서 클라우드의 확산은 매우 쉽고 빠르게 진행되었을 것이다. 그러나 아쉽게도 아직까지 국내 기업 중에서 클라우드 도입으로 사업적 성과를 내거나 경영상 효과를 보았다는 중요한 사례가 잘 보이지 않는다. 오히려 클라우드 도입을 위한 시범사업이 실패해서 클라우드 전환을 포기했다는 이야기를 듣기도 한다. 이러한 상황이니 기업들은 클라우드에 대해 소극적으로 나오고, 클라우드 시장의 성장은 늦어지고, 클라우드 사업자는 점점 사업 상황이 어려워진다.

클라우드 산업이 발전할 수 있는 기회를 잡으려면 성공 스토리가 많이 나와야 하고, 성공 스토리를 만들려면 클라우드 관련 사업자들은 단기간의 수익보다는 고객 기업의 성공을 위해서 최선의 노력을 해야 한다. 사실 한국 IT산업의 문제점이기도 하지만 대부분의 IT기업은 경쟁자와 피 말리는 수주전쟁을 거쳐 최저가격으로 과제를 수주하고, 과제수주 이후에는 과제 수행과정에서 비용을 최소화하기를 노력한다. 이런 상황에서는 수주과제를 통한 기업의 성공보다는 최소의 비용으로 고객과 약속된 최소 범위의 결과를 제공하여 최고의 이익을 남기는 것을 목표로 과제를 진행한다.

클라우드는 과제를 수주하고 약속한 사양대로 구축하면 모든 일이 끝나는 것이 아니다. 클라우드의 목적이 기업의 경영 속도를 높이고, 비용을 효율화 하는 것이다. 따라서 과제의 성공 여부는 클라우드 환경을 사용하고 운영하면서 결정된다. 아무리 우수한 기술 솔루션을 도입하고, 완벽한 개발 결과물을 만들어 놓는다고 하더라도 클라우드를 통한 경영성과는 저절로 생기지 않는다. 기존 IT프로젝트와 동일한 방법으로 과제 수주와 구축을 중심으로 클라우드 과제를 수행하였다면 클라우드로 인한 경영성과를 얻지 못했다는 것이 그리 놀랍지 않다.

그런 의미에서 앞으로, 특히 1, 2년이 클라우드 사업자에게 중요한 시가가 될 것이다. 고객기업의 성공에 기여한 클라우드 사업자는 지속적으로 성장하겠지만, 단기적인 매출성과를 내기 위해서 기업에게 클라우드 솔루션을 강요하여 판매하거나, 기업의 IT 상황을 무시한 클라우드 전환은 오히려 기업의 부담만 가중시킨다. 이런 클라우드 사업자는 시장에서 곧 사라지게 될 것이다. 결국 시장에서 클라우드 사업자의 선택은 사업적 성공을 경험한 고객(기업)이 한다.

그동안 대다수 고객기업이 클라우드에 대한 정확하고 충분한 지식과 정보가 없었고, IT기업이 이를 독점하였다. 이제는 기업들이 점점 클라우드에 대한 실체를 알아가고 있다. 이런 정보와 기술의 민주화가 이루어지면 IT기업에 대한 평가가 달라질 것이다. 얼마나 우수한 기술력이 있고, 신뢰할 만한 경험이 있는가로 평가하는 지금의 경향이 고객기업 성과에 얼마나 기여했는가로 집중되고 명확해질 것이다. 클라우드를 통해서 기업성과에 기여하는 기업이 나오고 성공 사례가 만들어지면 자연스럽게 국내 클라우드의 전성기가 올 것이다.

이번 장을 마치며

- 클라우드의 시작은 명확하지 않고 중요하지도 않다.
- 클라우드는 IT 기술의 흐름에 따라 상업적 용어로 발전되었다.
- 클라우드는 일시적인 IT 유행이 아니라 현대화된 IT를 표현하는 용어이다.
- 국내 클라우드 시장은 아직 성공사례가 부족하여 성장에 어려움이 있다.
- 클라우드 기업은 단기적인 매출성과보다 장기적인 고객기업의 사업성공을 위해 노력해야 한다.

• 앞으로 IT시장이 클라우드 중심으로 재편되면서 고객기업의 사업성과

로 기존 IT기업에 대한 재평가가 있을 것이다.

클라우드의 개념

클라우드의 시작과 클라우드가 상업적으로 발전해 온 과정을 살펴보았다. 이번 장에는 클라우드의 개념을 정확히 이해하려고 한다. 앞으로 클라우드 전략수립 과정을 다루게 되는데 클라우드 개념과 기업의 IT환경에 주는 의미를 알아본다. 그리고 클라우드가 가진 특성들로 인해 기업들이 왜 클라우드에 관심을 가져야 하는지 설명한다.

클라우드는 필요에 따라 IT자원을 제공받는 서비스이다.

클라우드의 개념을 이해하기 위해서는 정확한 정의를 내려야 모든 사람들이 같은 생각을 갖는다. 그런데 불행히도 앞서 이야기한 것처럼 클라우드는 수학이나 철학적 개념으로 시작된 것이 아니라 단지 상업적 용어로 만들어지고 발전한 것이다. 따라서 표준화된 정의도 없고 여러 곳에서 필요에 따라 만든 정의들이 있다. 그래도 가장 많이 인정받고, 사용되는 정의는 미국표준협회인 NIST(National Institute for Standards and Technology)에서 정한 것으로 클라우드 서비스는 '인터넷을 통해 필요에 따라(on-demand) IT자원을 제공 받는 서비스'이다. 여기에 몇 가지 개념을 가지고 있다.

"인터넷을 통해"는 기업 내부이던지 외부이던지 대규모의 서버와 저장장치 같은 IT자원을 확보해 놓고, 인터넷을 통해 접근을 할 수 있게 한다는 의미이다. 클라우드를 통해 얻는 경제적인 효과인 비용절감은 규모의 경제를 통해 얻어진다. 그러기 위해서는 대규모 IT자원을 한 곳에 모아놓고, 이들 자원들을 인터넷으로 연결하여 기업들이 자유롭게 접근을 할 수 있게 만든다. 이들 IT자원을 모아 놓은 곳을 데이터센터(DC : Data Center) 또는 인터넷 데이터센터(IDC : Internet Data Center)라 부른다.

"필요에 따라"는 사전에 충분한 시간을 갖고 IT자원을 확보하는 것이 아니라, IT자원의 수요가 발생한 시점 바로 또는 수분 내에 IT자원이 확보된다는 의미이다. 기업에서 IT자원을 확보한다는 것은 상당히 복잡한 프로세스가 있어 많은 시간이 걸린다. 먼저 구매 부서에 IT기기의 구매를 요청하면, 구매부서는 여러 업체에 견적서를 요구하고, 이것들을 평가하여 업체를 선정하고, 선정된 업체는 납품을 시작한다. 납품된 장비는 정해진 공간에 설치를 하고, 테스트를 거쳐 사용할 수 있는 준비 상태가 된다.

일반적으로 기업에서 이러한 과정을 거치는데 최소한 3개월 길면 6개월 정도의 시간을 소모한다. 그러나 클라우드 환경에서는 거의 즉시 필요한 IT 자원을 사용한다. 결과적으로 IT자원은 구매하여 소유하는 것이 아니라, 필요한 때에 빌려 쓰는 것이 되고, 설치하고 직접 운영하는 것이 아니라 단지 사용하고 사용한 만큼 비용을 내는 구조로 변화한다.

"IT자원"은 서버, 스토리지(저장장치), 네트워크 같은 물리적인 자원뿐만 아니라 윈도우, 리눅스 같은 운영 시스템, 오라클, MySQL 같은 데이터베이스 소프트웨어도 포함한다. 또 다른 IT자원인 애플리케이션은 기업 내의 직원이 사용하게 되는 email, 결재 시스템, ERP, 사내 포털 같은 기업 내부 시스템을 포함하고, Big Data 분석 시스템, 음성 인식 시스템 등 특수한 목적의 시스템도 클라우드 애플리케이션에 포함된다. 뒤에서 다시 정의 하겠지만 IT자원은 인프라, 플랫폼, 서비스로 일반적으로 나누어지지만 클라우드가 발전하면 Database, Data, Backup, CRM 등 다양한 서비스들도 IT자원이라 부른다.

이제 다시 클라우드 정의를 생각해 보면 클라우드는 IT자원을 소유하지 않고, 인터넷을 통해서 클라우드 사업자가 구축한 대규모의 IT자원을 사용자의 요구에 따라 이들 자원을 할당 받아 사용하고, 사용한 IT자원인 물리적 인프라, 소프트웨어, 애플리케이션을 사용한 만큼 비용을 지불하는 것이다.

이러한 개념적인 정의와 별도로 클라우드가 지금까지 기업이 해온 전통적인 IT자원 관리 방법과 다른 특징을 가지고 있다. 이들 클라우드의 특징은 기업 입장에서 사업적 재무적으로 큰 장점이 있기 때문에 기업이 클라우드에 관심을 갖게 되었다.

신속한 신축성(Rapid Elasticity)

수요에 대해 탄력적으로 공급을 조절할 수 있다. 즉, 상황에 따라 빠르게 용량을 확장하거나, 축소가 가능하여 On demand 서비스가 가능하다. 전통적인 IT자원은 설치된 이후에는 공급 조절이 불가능하거나 수요 변화에 공급을 조절하기 위해서는 상당히 긴 시간이 필요하다. IT자원을 구매하는데 걸리는 시간도 있지만, 구매한 자원을 기존 IT자원과 통합하는 일도 어려운 일이다. 만일 공급을 늘리거나 줄이기 위해 기존 애플리케이션을 재개발한다면 일은 더 어려워진다.

클라우드는 모든 물리적 IT자원을 가상화한다. 즉, 사용자에게 보이는 IT자원은 가상의 자원이고, 실제 물리적인 자원은 가상자원과 상관없이 추가와 삭제가 가능하여 수요변화에 신속대응이 가능하다. 또한, 클라우드 운영은 SW기술을 활용하여 자동화된다. 서버의 on-off는 물론 새로운 SW의 설치, 운영 상 문제점의 실시간 검출 등에 자동화 도구를 사용한다. 따라서 클라우드는 수요변화에 따라 거의 즉시 공급대응이 가능하다.

측정되는 서비스(Measured Service)

사용되는 IT자원은 측정되고 항상 관리자에게 보고된다. 따라서 측정 결과에 따라 품질미달 서비스가 공급되는 것을 방지할 수 있고, 사용한 서비스의 양에 따라 비용이 지불된다. 서비스 품질은 서비스가 제공되기 이전에 계약으로 합의를 이루고, 이 계약에 근거하여 서비스가 제공된다. 비용은 합의된 가격정책과 사용량에 따라 정해지만 만일 클라우드 사업자가 서비스 품질을 지키지 못하면 그 만큼 지불되는 비용은 삭감된다.

기존의 IT자원 관리 방식은 자원의 사용량과 상관없이 초기 설치된 자원의 크기에 비례하여 비용이 지출된다. 설치한 장비를 많이 사용하나, 적게 사용하나 운영비용은 큰 차이가 없다. 따라서 초기에 용량산정을 잘못해서 과도한 IT자원을 도입하였다면 과도한 운영비용이 지출된다. 이런 기존의 IT방식은 서비스품질에 따라 또 사용량에 따라 비용을 지불하는 계약이 이루어지기 어렵다.

그러나 클라우드는 공급 계약이 이루어지기 전에 성능과 품질 지표를 제시할 수 있고, 합의한 지표에 따라 계약이 성사되고, 이에 따라 비용이 지불된다. 또, 클라우드에서는 사용량에 연동되는 비용 구조를 가지고 있어 실시간으로 측정되는 사용량과 비용 추이를 보고 적절한 조치를 취하면 IT 관련 비용을 크게 절약할 수 있다.

광범위 네트워크 액세스(Broad Network Access)

클라우드는 네트워크상에서 운영되면서 기본적으로 글로벌 서비스를 제공한다. 과거 기존의 IT시스템은 글로벌 서비스를 위해서는 대규모 투자를 통해 글로벌 네트워크를 확보해야 하고, 상당한 서비스의 SW 구조 변경이 이루어져야 했다. 클라우드 환경을 사용하면 클라우드 사업자가 제공하는 서비스를 선택할 때에 단지 서비스지역 옵션만 선택하면 해당 국가로 서비스가 가능하다. 이 옵션 선택으로 인한 추가 비용은 발생한다.

또 광범위 네트워크 액세스의 또 다른 의미는 PC는 물론 모바일 등 다양한 디바이스의 지원이다. 기업 입장에서 새로운 디바이스의 추가는 IT자원 투자와 신규 개발이 이루어지지만 클라우드 환경에서는 이미 준비된 다양한 디바이스 솔루션을 활용하여 디바이스별 서비스 확장이 자유롭다.

Resource Pooling

클라우드 IT자원은 여러 서비스가 공유하고 있다. 따라서 어느 순간 서비스A의 사용량이 줄어들고, 서비스B의 사용량이 늘어나면, 자동으로 IT자원이 서비스A에서 서비스B로 이동된다. 기존의 IT환경은 별도의 서비스가 별도의 IT자원을 사용하기 때문에 한쪽에 유휴 자원이 생기더라도 다른 쪽으로 전환이 불가능하다. 즉, 서비스A를 위한 서버와 서비스B를 위한 서버는 분리되어 있어 서비스A용 서버용량이 부족하고 서비스B용 서버용량이 남더라도 이를 빌려 쓰지 못한다.

결과적으로 기존의 IT 환경은 서버의 부하가 평준화되지 않아 전체 시스템에 대한 가동률이 높지 않은 문제가 발생한다. 클라우드 환경에서는 리소스 풀링을 통해 서비스간 자원이동이 자유로워 유휴장비를 최소화하고 가동률을 높인다. 따라서 클라우드 전환 이후에는 IT자원의 가동률이 높아지게 되어 비용 효율화가 가능하다.

On-Demand/Self Service

클라우드 사용자가 스스로 원하는 서비스를 선택할 수 있고, 클라우드 사업자는 사용자가 원하는 IT자원을 공급하고, 운영하는 일련의 서비스를 자동화된 툴로 제공한다. 따라서 클라우드 사용자는 IT 전문가가 아니더라도 IT자원을 활용할 수 있다.

기존의 IT 환경은 전문가 외에는 IT 장비의 관리와 운영이 불가능하였다. 클라우드 환경은 다양한 툴을 제공하여 IT자원의 운영자동화로 운영비용을 크게 절약할 수 있게 되었다. 클라우드 사업자 입장에서도 자동화된 운영 도구를 통해 서비스를 제공하는데 필요한 인력을 크게 줄일 수 있어 저렴한 가격으로 IT자원을 클라우드 사용자에게 제공할 수 있다.

클라우드는 IT자원의 조달과 소비하는 방식을 전환한다.

지금까지 클라우드 정의와 개념에 대해서 다소 이론적인 내용을 다루었다. 이제는 클라우드가 기업에 어떤 사업적, 경영적, 기술적 변화를 가져 오는지 살펴보자. 이 설명하기 전에 먼저 과거 에너지를 어떻게 소비했는지 살펴보고자 한다. 에너지의 과거를 살펴보면 클라우드로의 변화가 자연스러운 일인지 이해하게 된다.

과거에는 가정에 난방이 필요하면 그때마다 직접 산에서 나무를 구해서 땔감을 사용하였다. 그러다가 이후에 연탄이나 석유 같은 표준화된 자원이 생겨나면서 겨울이 오기 전에 주기적으로 연료 공급 업체에 주문해서 구매를 하였다. 이후 도시가스, 지역난방 같은 시스템이 만들어지면서 스스로 자원을 조달하지 않고, 또 사용하기 전에 미리 주문을 하지 않고, 필요한 그때그때 사용하고, 사용한 만큼 비용을 지불하는 구조로 변경되었다. 이처럼 소비자가 미리 자원을 직접 조달하는 방식에서 필요한 때에 구매하는 방식으로 변화는 난방, 전기 같은 에너지뿐만 아니라, 교통, 통신도 같은 과정을 통해서 우리 생활에 편리하고, 경제적으로 유익한 기간 설비(facility) 형태로 제공되었다.

그러면 지금까지 우리는 어떤 형태로 IT자원을 조달하고, 소비하여 왔는가? 과거 1980, 1990년대에는 기업의 사업장마다 전산실이라는 별도공간을 가지고 있었다. 이 공간에 사내 시스템을 위한 서버들이 있고, 사내 내부 망으로 이들 서버에 접속하여 업무를 처리하였다. 이러한 구조에서 회사 외부와의 연결은 불가능했다.

어느 날 새로운 서비스의 도입이 필요하면 세부 계획을 세운다. 필요한 수요를 예측하고, 이에 맞는 장비 규모를 결정한다. 그 다음 장비 구매를 위한 발주가 시작된다. 구매된 장비는 전산실에 설치하고, 이들 서버에 필요한 소프트웨어를 구매하여 설치하고, 사용자가 쓰게 될 서비스를 개발한다. 이렇게 만들어진 시스템은 테스트를 거쳐 직원에게 제공된다.

이렇게 시스템을 사용하다가 시스템이 노후화 되고 업무환경이 변화하면, 기존 시스템을 대치하는 새로운 시스템을 도입한다. 그럼 기존 장비는 전산실 한곳에 쌓아 두거나 매각하여 수명을 다 한다. 그래도 시스템이 종료되면 그래도 다행이고 많은 경우 기존 시스템을 종료할 수 없어 새로운 시스템이 도입되어도 기존 시스템을 병행 운영하여 점점 전산실 공간은 좁아지고, 운영은 점점 복잡해진다.

지금 우리의 IT 상황은 과거 나무나 연탄으로 난방을 하던 시절과 크게 다르지 않다. 과거 난방 에너지를 얻기 위해서 모든 것을 스스로 계획하고 조달하던 상황과 매우 흡사하다. 사전에 미리 자원을 확보하는 불편함도, 잘못된 수요 예측으로 자원이 낭비되는 것도, 유휴 자원의 처리나 모두 유사하다.

클라우드는 지금까지의 IT자원의 공급과 소비 방식을 완전히 바꾼다. 클라우드는 그동안 기업 내에서 이루어졌던 IT시스템의 구매, 개발, 운영을 클라우드 사업자에게 맡기고 기업은 단지 사용만 한다. 클라우드 사업자는 인터넷 망을 통해 기업에게 IT자원을 공급하면서 IT 전문가와 전문 업체를 활용하여 최적의 비용으로 안정적으로 IT자원을 운영한다. 비용 측면에서 보면 기업은 그동안 모든 장비의 구매, 개발, 운영에 필요한 직접비용과 간접비용을 모두 부담하였으나, 이제는 단지 IT시스템을 사용하는 비용만 부담한다.

가정으로 온수 파이프만 연결되어 있다면 가정은 별도의 보일러가 없더라도 난방과 생활에 필요한 온수를 편하게 공급받아 사용하고 사용한 양만큼 비용을 내는 것과 같다. 개별난방에서 중앙난방으로 교체하겠다는데 이를 반대할 수 있을까? 집에 연탄보일러가 있으니 당분간 계속 쓰겠다고 할 수도 있겠지만 결국 언젠가는 교체를 할 것이다. 사람들이 질문을 한다.

"왜 클라우드로 전환을 해야 합니까?" 이에 대한 대답은 "그럼 안 하면 어떻게 하실 생각인가요?"

클라우드는 IT부서의 업무혁신을 가져 온다. ☁

여러분이 IT부서에 일하지 않는다면 IT부서 담당자로부터 무슨 일을 하고 있는지 어려움이 있는지 이야기를 들어보길 바란다. IT부서의 고충을 이해해서 담당자들과 사이 좋게 지내라는 의미는 아니다. 지금 여러분의 업무가 IT와 관련이 없다고 생각할지도 모르겠다. 하지만 현대 기업에서 IT의 지원을 받지 않고서 할 수 있는 일들이 그리 많지 않다. 따라서 IT부서의 업무를 이해하는 것이 앞으로 기업에서 여러분들의 역량을 강화하는데 중요한 요소가 될 것이다.

IT부서는 새로운 사업 전략이 수립되거나 신규 서비스나 상품이 개발되면 새로운 IT 서비스의 개발을 하거나 적어도 기존 시스템의 개선을 진행해야 한다. 이와 병행하여 지금까지 서비스하고 있는 시스템들이 문제없이 서비스되도록 관리해야 한다. 그러나 주어진 인력과 예산 내에서 이러한 일을 모두 진행하다 보니 업무 부담이 계속 늘어가고 있는 실정이다. 이러한 환경에서 클라우드 도입은 IT부서의 업무 혁신을 가져온다. 그동안 IT부서가 가지고 있었던 개발과 운영의 어려움들이 클라우드 도입으로 해결되어 IT부서의 업무가 혁신적으로 줄어든다.

자동화된 관리로 업무부담 경감

과거 IT환경에서는 관리하는 장비의 규모도 작고, 서비스의 종류도 적고, 운영 업무의 종류도 적고, 업무의 난이도도 높지 않았다. 1년에 한번 정도 새로운 장비가 들어오거나 운영 업무라는 것이 서비스에 문제가 발생하면 재 부팅하는 정도로 어려운 일이 아니었다.

그러나 지금은 어떤가? IT부서는 매일 야근하고, 수많은 시스템을 개발하고, 운영되는 시스템들에서 발생하는 문제점을 해결하고 있다. 더욱이 관리해야 할 장비의 규모는 매년 2배 이상씩 증가하고, 관리하는 시스템의 종류도 매년 2배씩 증가하고 있다. 만일 이러한 상황에서 자동화 없이 수작업으로 운영을 한다면 업무규모는 측정 불가능할 정도로 늘어날 것이다. 그렇다고 많은 인력을 뽑을 수도 없고, 뽑는다 하더라도 이런 일들을 사람들이 직접 처리하는 것이 점점 불가능해진다.

클라우드의 도입은 클라우드 관리 시스템이 제공하는 자동화 기능들로 IT부서의 단순 운영 업무를 혁신적으로 줄여준다. 앞서 이야기한 On Demand/Self Service로 인해 사용자가 스스로 IT자원을 조달하고, 운영하고, 관리할 수 있는 환경을 제공해서 결국 IT부서의 운영 업무를 경감한다. 따라서 IT부서는 운영의 부담을 덜고 조금 더 개발 업무에 집중하고 IT 업무를 고도화하는데 활용될 수 있다.

실시간 업무 처리

IT기술이 발달하고 기업의 경영활동을 IT서비스로 처리하면서 IT서비스가 사업의 보조 수단이 아니라 필수 수단이 된지 오래다. 영업 상황을 실시간 집계하고, 상황에 따라 제품의 생산량을 조절하고, 이에 따르는 물류 상황도 IT 시스템으로 확인하고 통제한다. 그만큼 IT가 경영의 중요 도구가 된 상황에서 email 서비스라도 중단되면 기업 내의 협업이 중단되고 IT부서로 항의 전화가 빗발칠 것이다. 이 정도면 상황이 나은 편이고 만약 제품 주문시스템이 정지가 된다면 단순장애가 아니라 주문 차질로 매출이 영향을 받는 엄청난 일이 발생하게 된다. 이 상황이 되면 IT부서는 초긴장 상태가 되고 만다.

그런데 이런 상황이 발생하기 전에 IT부서가 미리 문제점을 인지하고, 이를 자동화된 환경에서 실시간으로 대응할 수 있었다면 IT부서는 반드시 이 시스템을 도입하려 할 것이다. 클라우드는 IT부서의 실시간 대응력을 높이기 위한 편리한 환경을 제공한다. IT자원의 실시간 모니터링을 통해 문제점을 사전에 파악하고, 자동화된 관리 시스템을 통해 조치를 취할 수 있기 때문에 문제 예방과 문제 발생 시 실시간 대응이 가능하다.

보안 대응력 강화

인터넷이 보편화되고 기술이 발달될수록 보안의 중요성이 점점 높아진다. 그동안 많은 IT 조직이 다양한 보안 사건들로 인해 커다란 어려움을 겪었다. 서비스가 느려지는 문제는 피해가 크지 않지만 해킹으로 인해 내부자료 유출이나 고객정보 같은 개인정보 유출로 많은 IT부서 담당자와 CIO들이 어려움을 겪었다. 이 문제를 해결하려고 컨설팅도 받아보고 보안 솔루

선도 도입하고, 보안 전문가를 채용했지만 아직도 보안에 대해 안심하지 못하는 상황이다.

이런 상황에서 어떤 사람은 클라우드가 미래의 IT 환경이라고 이야기하고 또 어떤 사람은 클라우드가 보안에 문제 있어 적합하지 않다고 한다. 클라우드를 도입하려는 기업 입장에서는 이런 논란이 더욱 불안하고, 어떻게 해야 할지 고민되는 상황이다.

그러나 분명한 점은 보안강화를 위해서는 클라우드 전환을 신속히 추진해야 한다. 앞으로 계속 이야기 하겠지만 클라우드의 보안 문제는 기존의 IT 환경도 동일하게 가진 문제점이고, 클라우드 환경이라고 반드시 보안 위협이 커지는 것이 아니다. 사실 클라우드 보안에 대해서는 실제 내용보다 부풀려져 알려져 있는 것이 많다. 정확하게 보안의 문제점과 해결책을 알게 된다면 더욱더 클라우드 전환을 서두를 수밖에 없다. 클라우드 전환은 기술적으로 보안강화 효과가 있고, 전문화된 기술 인력과 철저한 보안 대책으로 보안을 강화할 수 있는 기회를 제공한다.

클라우드로 전환은 시대의 흐름이다.

앞서 난방을 예를 들어 클라우드가 IT환경의 발전된 모습이라는 것을 설명하였다. 마찬가지로 지금 집에서 전기를 만들어 쓰는 가정이 없는 것처럼 앞으로 IT 시스템을 직접 운영하는 회사는 점차 사라질 것이다. 단, 지금도

POSCO처럼 대규모로 전기를 소모하는 기업은 내부에 발전소에 대한 수요가 있다. 그러나 POSCO 내부의 발전소가 있더라도 전기를 공급받는 POSCO 내의 공장 입장에서는 이 역시 공동 시설로부터 전기를 공급받는 것이다.

현재 우리나라에서 가장 큰 IT자원을 사용하는 기업은 네이버이다. 네이버는 춘천에 대규모 자체 데이터센터가 있지만 IT자원을 관리하는 별도 전담회사가 있어 네이버 직원 중에 서버를 직접 구매하고 관리하고 운영하는 전담자가 없다.

네이버 데이터센터 '각' / 출처 : datacenter.navercorp.com

우리가 모르는 사이 이미 많은 기업이 직접 소유하고, 설치하고, 관리하는 IT의 무거운 짐을 벗어나 전문 기업을 통해 IT자원을 공급 받는 변화가 이루어지고 있다. 예전에는 기업 명의로 직접 자동차를 구매하고, 직원을 고용해서 관리하였지만 지금은 대부분의 회사가 렌트 또는 리스하여 외주를 통해 자동차를 관리한다. 그럼 앞으로 IT자원도 그렇게 되는 것인가? 그렇다. 왜 그런가?

첫 번째로 IT시스템으로 매출과 수익을 내는 회사 외에는 IT 자체가 기업의 핵심 역량이 아니기 때문이다. 제조업, 유통업처럼 IT가 기업의 핵심 역량이 아닌 기업들은 IT 시스템을 개발하고 운영하는데 그 부담이 점점 커지고 있다. 기업 입장에서는 매출을 일으키는 사업부서가 아니고 지원부서인 IT부서의 예산은 점점 늘어가고, 인력도 점점 늘어나고 있다. 새로운 IT 흐름에 따라 다양한 시스템이 요구되지만 이를 수행할 IT부서는 "인력이 없어서 못한다. 예산이 없어서 못한다. 지금은 바빠서 못하고 내년에 가능하다"라고 이야기를 한다. 당장 사업에 필요한 일인데 정작 중요한 시점에 IT부서의 도움을 받지 못하는 일이 발생하고 있다.

IT부서 입장에서도 어려운 상황은 마찬가지다. 매년 2배 이상으로 IT시스템의 종류와 규모는 늘어가고 있으나, 상대적으로 인력 충원은 것의 없다. 그래서 현재 인력으로 할 수 있는 일은 새로운 시스템 개발보다는 기존 시스템의 운영에만 신경을 쓴다. 그런데 잠재된 더 큰 문제는 시간이 갈수록 기존 시스템이 점점 노후화되고 있어 치명적인 장애가 발생하기 전에 시스템을 교체해야 하지만 현재 인력과 예산으로 엄두가 나지 않는 상황이다.

현재 여러분의 기업이 IT분야가 핵심 역량이 아닌데 지속적으로 IT 분야에 인력과 예산이 늘어가고 있고, 설명한 잠재적인 위협요소를 가지고 있다면 신속히 IT 전략을 클라우드로 전환하고 실행해야 한다. 여러분의 기업이 IT자산을 구매하는데 강점이 있는가? 소프트웨어 개발을 통해 경쟁자와 차별화할 수 있는 방안이 있는가? 여러분 기업의 IT 역량이 사업의 핵심역량인지 아닌지 고민하고, 만일 그렇지 않다면 클라우드 전환을 신속히 결정해야 한다.

두 번째로 클라우드로 전환해야 하는 이유는 비용·효율화로 인한 기업의 성과이다. 클라우드 사업자가 대규모 투자와 규모의 경제로 만들어진 안정적이고 경제적인 서비스를 기업이 피할 수 없다. 경제적인 관점에서 빵을 하나 만들어 먹는 것보다 빵집에서 사먹는 것이 품질과 가격 면에서 유리한 것은 당연하다.

기업 IT부서의 1명이 담당하는 서버는 몇 대일까? 대략 백대 이하이다. 반면에 아마존이나 마이크로소프트의 IT담당자 1명이 담당하는 서버는 1천대가 넘는다. 당신의 기업이 1년에 구매하는 서버는 몇 대 인가? 반면에 아마존에 1년에 순수 증가하는 서버와 노후로 인해 교체되는 서버의 수는 수 만대 수준이다. 비교가 되지 않는다. 경쟁이 되지 않는다. 이러한 경제적인 이익을 개별 기업이 만들어 낼 방법도 없고, 이러한 혜택을 제공하는 클라우드의 전환을 기업이 거부할 방법도 없다.

세 번째 이유는 클라우드 사업자의 IT역량이 기업의 IT역량 보다 뛰어나기 때문이다. 클라우드 도입 초기에는 클라우드 사업자의 기술역량이나 운영경험이 많지 않았던 것은 사실이다. 그러나 그동안 많은 경험과 시행착오를 거치면서 이제 클라우드 사업자만큼 전문 IT역량을 보유한 기업이 많지 않게 되었다. 보유한 IT 전문 인력의 규모라든지, 소프트웨어 기술 역량도 더 우수하고, 완벽한 24시간 운영 체계가 만들어져 있고, 운영 시 발생하는 문제점의 해결 능력도 우수하다.

개별 기업의 IT 인력과 투자로는 이러한 전문 역량을 확보하기는 쉽지 않다. 기업이 IT 시스템에 대한 중요도는 인식하고 있으나 투자하는 예산도 재무적인 요인으로 한계가 있다. 그러나 클라우드 사업자는 IT 시스템에 천문학적 규모의 투자를 집행해 오고 있다. 또, 기업이 직접 관리하는 시스템에 얼마나 자주 장애 발생하고, 장애를 해결하는 시간과 클라우드 서비스의 장애빈도와 해결시간을 비교해 보면 클라우드 사업자의 역량이 얼마나 높은지 알 수 있다.

클라우드 사업자가 IT 분야에 규모의 경제를 이루었고 인력과 기술에 있어 어느 개별 기업보다 우수하다. 이 상황에서 클라우드 사업자를 활용하는 것은 시대의 흐름이다. 문제는 단지 빠르고 느림의 속도 문제이다. 이것이 클라우드로 전환이 일시적인 유행이 될 수 없는 이유이다.

어떤 기업은 빠르게 흐름을 따라가고, 어떤 기업은 다른 기업의 경험을 보고 따라가려고 한다. 클라우드 도입을 서두르는 기업은 앞서 설명한 여러 이유가 있지만 가장 큰 목적은 핵심 사업에 집중하기 위해서이다. 이런 상황에서 클라우드 전환이 리스크가 있다고 다른 선도 회사를 따라간다는 것은 경쟁사보다 경쟁력을 늦게 갖추겠다는 것인데 이것이 과연 사업적으로 맞는 결정인지 걱정된다.

〈관련 기사〉
- 2011년 11월 2일, "삼성전자, MS 클라우드 플랫폼 '애저' 채택", 블로터,
  http://www.bloter.net/archives/82123
- 2012년 7월 3일, "삼성전자, 윈도 애저로 비용 10배 절감", 디지털데일리,
  http://www.ddaily.co.kr/news/article.html?no=92621

기사 요약

삼성전자는 스마트 TV를 전 세계에 서비스하면서 자체 소유 인프라를 활용하여 서비스를 해 오고 있었다. 그러나 일반 TV가 스마트 TV로 전환하면서 급격히 트래픽이 증가하고 대규모 글로벌 인프라를 필요로 하는 상황에서 클라우드 도입을 적극적으로 진행하면서 자체 인프라뿐만 아니라 클라우드 인프라를 같이 활용하고 있다.

클라우드의 장점인 유연한 확장과 안정적인 서비스가 매우 중요한 시점이었다. 특히 인프라 장애로 인한 스마트 TV 서비스의 중단은 단순히 사용자의 불편을 초래할 뿐만 아니라 제품에 대한 신뢰가 추락하여 삼성전자의 스마트 TV 사업에 악영향을 미칠 수 있다. 따라서 신뢰할 만한 클라우드 사업자의 발굴이 필요하였다.

이러한 상황에서 여러 클라우드 서비스에 대한 비교 검토와 성능 테스트를 거쳐서 사업자를 선정하였고, 클라우드 도입 이후에 안정적인 운영과 효율적인 인프라를 운영함으로써 기존 자체 인프라 대비 비용을 90% 절감하게 되었다. 삼성전자는 성공적인 클라우드 전환을 통해 안정되고 빠른 서비스를 지속적으로 제공하는 IT 인프라를 확보하였다. 삼성전자는 대용량의 스마트TV 트래픽이 발생하는 상황에서도 안정적인 서비스를 제공하고

있으며 세계 제일의 TV 메이커로 자리매김하고 있다.

이번 장을 마치며 ☁

- 클라우드는 IT자원을 소유하지 않고, 인터넷을 통해서 클라우드 사업
  자가 구축한 대규모의 IT자원을 사용자의 요구에 따라 할당 받아 사용
  하고, 사용한 만큼 비용을 지불하는 것이다.
- 클라우드는 신속한 신축성, 측정되는 서비스, 광범위 네트워크 액세스,
  Resource Pooling, On-Demand/Self Service을 특징으로 한다.
- 클라우드는 기업의 IT자원의 조달과 소비하는 방식을 전환하여 사업
  대응 속도를 높이고, 비용 효율화를 이룩한다.
- 클라우드는 IT 환경의 발전 과정이므로 결국은 모든 기업이 클라우드
  를 도입할 것이다.
- 클라우드로 전환을 신속히 추진해야 할 기업은 IT가 핵심역량이 아닌
  기업, IT 비용 효율화가 시급한 기업, 자체 IT 역량이 부족한 기업이다.

Chapter 03

클라우드 기술과 용어

클라우드 환경을 구축하기 위해서는 많은 기술이 필요하지만 가장 중요한 가상화 기술을 설명한다. 기업들은 기존 IT 환경을 가상화하여 클라우드 환경으로 전환할 수 있는 기반을 만들 수 있다. 또 기업 입장에서 클라우드를 활용하는 방법과 인프라, 플랫폼, 애플리케이션 등의 IT자원에 따른 클라우드 활용 방법을 설명한다.

클라우드의 핵심 기술은 가상화이다. ☁

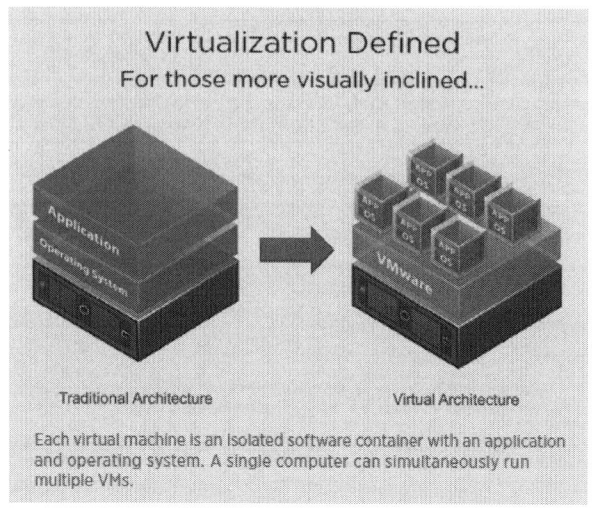

가상화의 정의 − 출처 : VMWare

    클라우드가 운영체계, 데이터베이스, 네트워크, 소프트웨어공학 등 컴퓨터 공학의 전 분야를 다루기 때문에 모든 기술은 이해한다는 것 자체가 쉽지 않다. 또 새로운 기술들이 지속적으로 클라우드에 적용되고 있기 때문에 한번 이해하였다고 하더라도 또 다시 공부해 나가야 한다. 이미 이야기한대로 이 책의 목적이 클라우드 기술을 소개하는 것이 아니고, 기업이 클라우드를 도입하는 전략을 수립하고 실행하는데 있기 때문에 필요한 최소 기술만 다룬다. 이런 관점에서 이 책에서 다루어야 할 기술들을 과감하게 정리를 해 보니, 가상화와 클라우드 관리 시스템만 남게 되었다.

    가상화(Virtualization)는 IT자원을 소프트웨어적으로 추상화(abstraction)하여 물리적으로 제약 없이 하나의 자원을 여러 개로 나누거나, 여러 자원을 하나로 모아서 사용할 수 있게 하는 기술이다. 쉽게 설명하면 서버 하나를 여러 개로 나누어 쓰게 하거나, 여러 스토리지를 하나로 합쳐서 크게 만드는 기술이다. 이렇게 하면 전체적인 IT자원의 이용률이 높아진다.

서버를 예를 들어 보자. 대형 메인프레임 컴퓨터를 혼자서 쓴다고 하면 대부분의 시간에는 컴퓨터는 사용이 되지 않거나, 매우 낮은 부하로 동작될 것이다. 매우 비효율적이다. 따라서 하나 컴퓨터에 여러 사용자가 사용할 수 있는 환경을 만들고 자원을 나누어 쓰게 한다. 같은 방식으로 과거 메인프레임을 가상화를 하였으나 클라우드 환경에서는 가격이 싸고 규격이 표준화된 x86이라 불리는 소형 서버를 기반으로 가상화를 한다. 하나의 물리 서버에 여러 개의 가상화된 서버를 가상머신, VM(Virtual Machine)이라한다. 물리적 IT자원을 가상화을 통해 가상머신으로 운영하면 아래와 같은 장점이 생긴다.

컴퓨팅 자원 이용률의 증가

가상화를 적용하지 않는 기존 IT 환경에서는 일부 서버에는 과부하가 걸리고 다른 서버는 놀고 있더라도 과부하를 해결하기 위해 추가 IT자원을 확보하는 것 이외에 해결할 방법이 없었다. 가상화를 적용하면 모든 서비스가 가상머신 위에서 동작하게 되어 일부 서비스가 과부하가 걸리면 추가로 가상머신을 공급하여 과부하를 해소한다. 이 경우 IT 자원의 추가 없이 가상머신 만으로 전체적인 부하를 평준화하여 컴퓨팅 자원의 이용률을 높인다. 반대로 부하가 기준 이하로 떨어지면 가상머신을 반환하여 여유 IT 자원을 비축한다.

가상머신의 이동성

한번 만들어진 가상머신은 물리적 서버와 독립적으로 동작하기 때문에 다른 서버로 복제나 이동이 가능하다. 가상머신은 서비스가 동작하는 중에도 다른 서버로 이동이 가능하고, 심지어 다른 데이터센터로 이동이 가능하다. 이 기능은 가상머신을 복제해서 늘어난 부하를 대응하는데 유용할 뿐만 아니라 물리적 서버가 장애가 있을 때에 서비스 중단 없이 다른 서버로 이전하여 서비스를 지속할 수 있는 장점이다.

이번에는 스토리지 가상화이다. 하나의 스토리지는 1T(테라바이트) 용량이고, 서버에 이 스토리지가 10개 붙어 있다고 하자. 이때 3T 크기의 파일을 저장하려면 하나의 스토리지의 용량인 1T를 초과하기 때문에 저장할 수 없어 파일을 여러 개로 나누어서 저장하거나, 별도로 3T 이상 크기의 용량을 가진 스토리지를 구매해야 한다. 그러나 스토리지 가상화 기술을 사용하면 아주 쉽게 문제가 풀린다. 1T 용량의 10개 스토리지를 가상화를 하여 10T 용량의 1개 스토리지로 만든다. 이 가상 스토리지는 3T 물론 10T 파일도 저장할 수 있다. 이러한 방식으로 계속적으로 용량을 늘릴 수도 있고, 쓰지 않는 스토리지는 반환하여 스토리지의 사용 효율성을 높인다.

스토리지 가상화는 다음과 같은 효과가 있다.

- 하드 디스크, SSD처럼 물리적인 저장 방식이 다르고 용량이 다르더라도 하나의 가상 스토리지를 제공한다.
- 서비스가 운영되는 동안에 서비스 중단 없이 스토리지를 추가하거나 삭제할 수 있다.
- 서비스가 운영되는 동안에 서비스 중단 없이 백업과 복원이 이루어질 수 있다.
- 데이터센터의 위치가 다르더라도 데이터의 복사와 동기화가 신속히 이루어진다.

이처럼 가상화는 하나를 여러 개로 나누어 쓰게 하여 유휴 자원을 줄여 사용률을 높이거나, 여러 개의 자원을 하나로 합쳐 장비의 추가 구매 없이 대용량, 고성능 가상 자원을 만들 수 있다.

가상화를 가능하게 하는 소프트웨어를 하이퍼바이저(Hypervisor)라고 부르는데 가상화 기능뿐만 아니라 IT자원을 관리하기 위한 다양한 기능을 제공한다. 이 기능들을 통해 클라우드 서비스가 IT자원을 효과적으로 관리하고 부하의 변동이나 장애 상황에 효과적으로 대처한다. 하이퍼바이저로 VMWare, Microsoft, Oracle 같은 상용 소프트웨어뿐만 아니라 OpenStack, Xen 등 여러 오픈 소스도 나와 있다. 이들 소프트웨어는 사용한 기술이 달라서 성능, 확장성 측면에서 각기 장단점을 가지고 있지만 각 제품의 기술 분석은 책의 범위를 벗어나기 때문에 다루지 않는다.

하이퍼바이저가 제공하는 기능은 다음과 같다.

- **서버 관리**: 새로운 물리적 서버를 추가하거나, 작동이 불가능한 서버가 발생하더라도 서비스 중단 없이 가상머신을 다른 물리 서버로 이전하여 서비스를 지속한다.

- **자동 관리**: 보안 패치의 설치, 애플리케이션의 변경 등의 작업이 필요할 때에 자동화 된 툴을 통해 서비스 중단 없이 매우 짧은 시간에 처리하도록 한다. 이로 인해 운영에 필요한 노력이 대폭 감소한다.

- **프로비저닝(Provisioning)**: 쓰고 있지 않은 자원을 파악하고 있다가 필요한 순간에 자원을 실시간으로 할당하여 제공한다. 부하가 증가할 때에 서버를 자동으로 추가 투입하여 용량을 늘려 주는 것을 자동 확장(auto scaling)이라 한다. 프로비저닝을 활용하여 자동 확장 기능을 구현할 수 있다.

- **클러스터(Cluster) 관리**: 여러 개의 물리적 컴퓨팅 자원을 하나로 묶어 놓아 사용자가 볼 때에는 하나의 자원으로 보이게 한다. 상황에 따라 클러스터를 구성하는 물리적 컴퓨팅 자원의 재배치도 가능하다.

- **로드밸런싱(Load Balancing)**: 사용자들이 하나의 서버로 몰리는 경우, 적절하게 부하를 분산하여 안정적인 서비스가 되도록 한다. 사용자가 많이 몰리는 인터넷 홈페이지의 경우 로드밸런싱 기능을 적용하는데 클라우드를 활용하면 쉽게 적용할 수 있다.

지금까지 가상화에 대해서 살펴보았는데 한 가지 의문이 생긴다. 가상화와 클라우드는 어떤 관계인가? 데이터센터에 있는 서버와 스토리지를 가상화하면 클라우드 환경이 된 것인가? 결론부터 이야기하면 클라우드 환경을 만들려면 가상화는 적용되어야 하지만 가상화만으로는 부족하다. 클라우드 환경이 되려면 On Demand에 따라 IT자원의 증가와 감소가 이루어지고, 실시간 모니터링이 이루어지면서 운영상의 문제점이 발생하면 바로 필요한 조치가 이루어진다. 클라우드 환경이 되려면 가상화뿐만 아니라 클라우드의 운영을 위한 클라우드 관리 시스템이 필요하다. 클라우드 관리 시스템에 대해서는 10장에서 다시 설명한다.

정리하면 클라우드로 신속하고 안정적인 서비스 제공과 운영 과정에서 비용 효율화를 얻기 위해서는 가상화를 통해 기존 IT 환경을 현대화된 IT 환경으로 전환하고, 그 다음으로 클라우드 관리 시스템이 도입되어 운영 자동화가 이루어져야 한다. 일부 업무라도 수작업으로 하게 된다면 운영비용이 증가할 뿐만 아니라 처리 시간도 늦어진다. 특히 사람이 하는 일이 실수가 있기 때문에 잘못된 처리는 운영에 있어 심각한 문제점을 만들어 낼 수 있다. 이런 환경을 클라우드 환경이라 이야기하기 어렵다. 따라서 클라우드 도입으로 인한 효과를 달성하기 위해서는 가상화와 자동화가 반드시 이루어져야 한다. 기존 IT 환경에 가상화만 도입하였다고 하면 클라우드 환경을 만든 것은 아니라 단지 기존의 IT 환경을 조금 더 현대화 한 것이다.

기업이 IT자원을 확보하는 방법 ☁

기업이 사업에 필요한 IT 서비스를 제공하기 위해 다양한 IT자원 확보 방법을 고안하였다. 비용을 절약하기 위해 또는 관리가 쉽도록 다양한 방법을 만들있다. 아래는 기업들이 일반적으로 IT자원을 확보하는 방법들이다.

기업 소유

기업 내부 공간에 IT 장비를 설치할 공간을 확보하고 전기, 공조, 네트워크 같은 시설을 설치한다. 그리고 이 공간에 IT 장비와 소프트웨어를 직접 구매하여 설치한다. 그리고 운영 과정에서 장비의 문제점이나 유지보수 건이 발생하는 경우, 직접 내부 인력을 통해 해결을 한다.

기업 내부에 중요한 IT자원이 존재하고 있기 때문에 설치 공간에 대해 화재, 홍수 같은 재난뿐만 아니라 외부인의 침입으로부터 보호하기 위한 관리도 수행한다. 기업 소유 방식에서는 모든 IT자원을 기업이 직접 소유하고, 내부 IT 직원을 통해 운영과 관리를 한다.

코로케이션(Colocation)

기업은 별도 서비스 제공자가 제공하는 데이터센터에 분리된 공간을 임대하고, 기업은 임대공간에 IT서비스에 필요한 장비를 구매하여 설치 운영한다. 서비스 제공자는 유치된 기업의 IT장비를 위한 전기, 네트워크를 공급하고, 데이터센터에 대한 보안과 냉난방, 공조 같은 설비를 제공한다.

기업 입장에서 IT자원이 기업 외부에 위치하고 있어 보안이 매우 중요한데 서비스 사업자는 허가 받지 않은 사람이 데이터센터에 들어오는 것을 방지하고, 자연 재해로부터 고객의 장비를 보호하고, 안정적인 서비스가 운영될 수 있는 환경을 제공한다. 일반적으로 코로케이션에서 서비스 제공자는 데이터센터 내에 기업이 임대한 공간의 운영과 보안을 맡고, 기업은 장비의 구매와 운영을 책임진다.

호스팅(Hosting)

코로케이션의 발전된 형태로 IT 장비를 기업이 직접 구매하여 설치하는 것이 아니라, 서비스 제공자가 보유한 장비 중에서 선택해서 1년, 2년 형태로 일정기간 사용료를 내고 빌리는 방식이다. 서비스 사업자는 공간의 운영뿐만 아니라 장비의 대여와 장비의 운영을 맡는다. 따라서 기업은 소프트웨어의 설치와 운영만 맡는다.

서비스 사업자는 부가적으로 장비가 정상동작 되는지 모니터링하고, 문제가 발생하면 1차 조치하고 고객에게 연락해 주는 서비스를 제공한다. 또 소프트웨어 업그레이드, 백업 같은 추가적인 서비스를 위탁 받아 수행한다. 이 경우, 기업은 장비 사용료에 추가하여 위탁하는 서비스의 규모에 따라 별도의 비용을 지불한다.

클라우드(cloud) 서비스

클라우드 사업자는 대규모로 기업이 원하는 다양한 장비를 설치하고 가상화 기술을 통해 기업에게 가상머신(VM)을 제공한다. 기업은 가상머신을 할당 받고, 사용한 만큼 비용을 내는 구조이다. 클라우드 사업자가 공간과 장비의 대한 모든 운영을 책임지고, 기업은 단지 사용에 대한 비용만 지불한다.

또 다른 용어로 온프레미스(on-premise)가 있다. 이는 기업이 소유한 IT자원을 스스로 통제가 가능한 공간에 설치하고, 운영하고, 사용하는 방식이다. 이와 반대로 스스로 통제할 수 없는 외부 공간에 IT자원을 설치하고, 운영하는 것을 오프프레미스(Off-premises) 방식이라 한다.

일반적으로 기업 소유 방식과 코로케이션, 호스팅 방식을 온프레미스라 부른다. 사실 코로케이션과 호스팅 방식은 기업 외부에 IT자원이 위치하고 있어 엄격한 의미에서는 오프프레미스이지만 기업이 스스로 통제하고 직접 관리하기 때문에 온프레미스로 분류한다. 클라우드 환경은 경우에 따라 온프레미스나 오프프레미스가 될 수 있다. 이에 대해서는 7장에서 다시 설명한다.

공공용, 사설용, 단체용 그리고 혼합형 클라우드 ☁

이번에는 클라우드 서비스를 배치 방법에 따라 나누어 보려고 한다. 아래는 NIST 미국국립표준기술연구소에서 만든 클라우드 컴퓨팅 모델이다.

그림 하단에 클라우드 배치 모델을 공공용 클라우드(Public Cloud)와 사설용·
클라우드(Private Cloud), 단체용 클라우드(Community Cloud) 그리고 혼합형 클라
우드(Hybrid Cloud)로 나누어 놓았다. 아래 이들 클라우드 서비스와 최근에 만
들어진 새로운 클라우드 서비스인 가상 사설용 클라우드(Virtual Private Cloud)
에 대해 살펴보자.

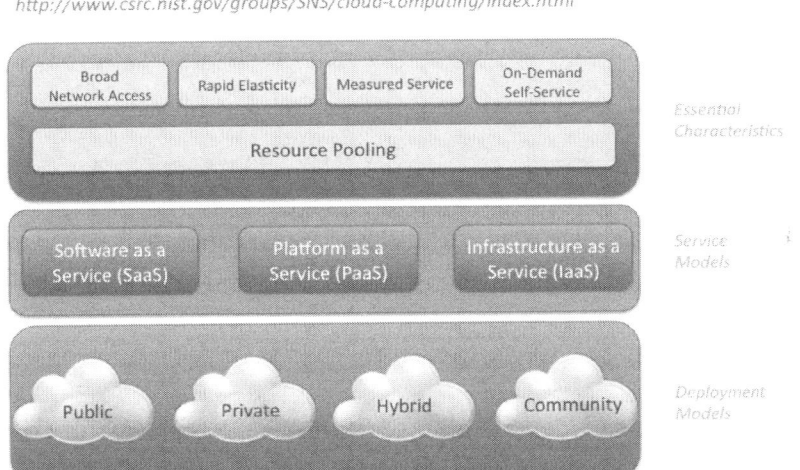

Visual Model Of NIST Working Definition Of Cloud Computing
http://www.csrc.nist.gov/groups/SNS/cloud-computing/index.html

공공용 클라우드(Public Cloud)

특별한 자격 조건 없는 일반 사용자를 위한 클라우드 서비스이다. 클라
우드 사업자는 일반인과 기업들이 자유롭게 사용할 수 있는 클라우드 IT
환경을 구축하여 제공한다. 기본적으로 전 세계를 대상으로 서비스하며,
서버와 스토리지는 물론 콘텐트 전송 네트워크(Contents Delivery Networks : CDN)
같은 대규모 투자가 필요한 자원을 보유하고 있으면서 많은 고객을 확보하

여 규모의 경제를 이룬다. 클라우드 사업자는 IT자원을 직접 소유하고, 자신이 관리하는 데이터센터에 IT자원을 설치하고, 관리하고, 운영한다.

IT자원은 모든 고객들이 공유하여 사용한다. 여러 고객이 같은 IT자원을 사용하고 있기 때문에 특정 고객을 위해 별도의 서비스를 제공하는 데는 제한이 있다. 클라우드 서비스의 종류도 클라우드 사업자가 미리 정해 놓은 서비스만 가능하다. 따라서 각 고객의 요구사항에 따라 새로운 서비스를 만들거나 변경하는 것은 매우 제한적이다. 예를 들어 공공용 클라우드 사업자가 제공하는 서비스는 제공되는 OS의 종류와 version이 정해져 있는데 고객이 요청하더라도 특정 OS의 특정 version은 제공하지 않는다. 이처럼 공공용 클라우드 사업자는 규격화된 클라우드 서비스를 대규모로 제공하여 싸고 안정적으로 제공한다.

요금 기준이나 운영 방법도 표준화되어 기업이 요구하는 요금 체계나 운영 서비스도 제한적이다. 일반적으로 요금은 사용량 기반의 비용을 지불하지만 장기 계약을 통해 할인된 요금 구조를 적용한다.

사설용 클라우드(Private Cloud)

IT자원을 하나의 조직, 즉 기업이나, 정부 단체를 위해서 제공하는 클라우드 서비스이다. 사설용 클라우드는 인프라를 기업 내부나 기업이 위탁한 업체의 데이터센터에 위치하면서 각기 분리된 공간에 하나의 조직을 위한 독립적인 클라우드 인프라를 제공한다. 기업이 통제하지 못하는 외부에 IT 자원이 위치해서 생기는 보안 이슈를 해결하기 위해서 만들어진 클라우드 서비스로 각 기업이 스스로 모든 인프라를 통제한다.

사설용 클라우드 서비스는 그 조직이 직접 관리를 하거나 위임을 한 업체에서 관리를 한다. 과거에는 기업이 온프레미스 환경 내에서 자체적으로 사설용 클라우드 환경을 구축하고, 기업이 직접 관리를 했다. 그러나 최근 클라우드 산업이 커지고 전문 사업자가 늘어나면서 사설용 클라우드를 전문적으로 제공하고 관리하는 클라우드 사업자도 등장 하였다.

사설용 클라우드는 하나의 조직을 위해서 서비스되기 때문에 그 조직의 요구사항에 따라 서비스의 종류와 운영 방법, 보안 수준도 정하고 필요 시 변경할 수 있다. 따라서 대기업이나 정부 기관처럼 상당한 자체 IT수요가 있고, 고유의 요구사항이 많은 기업은 대부분 사설용 클라우드를 선호한다. 반면에 충분한 IT 인력과 예산을 보유하고 있지 못한 기업은 사설용 클라우드를 구축하고 운영하는데 어려움이 있게 되므로 공공용 클라우드를 사용한다.

단체용 클라우드(Community Cloud)

동일한 목적을 가지는 단체를 위해 제공되는 클라우드 서비스이다. 이 서비스를 이용하는 단체는 동일한 보안, 관리 요구사항이 있고, 하나의 클라우드 서비스 사업자에 의해서 제공된다. 공공용 클라우드와 사설용 클라우드 사이의 중간적인 서비스라 볼 수 있다. 그러나 단체용 서비스라고 하더라도 단체의 대표가 IT자원을 소유하고, 운영하기 때문에 하나의 기업이나 조직이 전체 서비스를 관리해야 한다. 결국 그렇게 되면 사설용 클라우드가 되거나 또는 소규모 공공용 클라우드가 되기 때문에 최근에는 그 의미가 많이 약해졌다.

가상 사설용 클라우드(VPC : Virtual Private Cloud)

공공용 클라우드 인프라의 일부를 분리하여 하나의 고객을 위해서 제공하는 클라우드 서비스이다. VPC는 공공용 클라우드가 가진 규모의 경제를 가지면서 각 고객만의 보안이라든지 운영 요구사항을 수용하기 위해 만들어졌다. 최근 대형 공공용 클라우드 사업자가 가상 사설용 클라우드 사업을 확대하고 있다. 즉, 자신이 보유한 대규모 IT자원에서 일부 자원을 분리하여 특정 고객을 위해서만 제공하고, 그 고객에 맞는 운영 서비스를 제공하기도 한다. 이러한 현상으로 인해 최근에는 공공용 클라우드 사업자인지, 사설용 클라우드 사업자인지 구분하는 것 자체가 큰 의미가 없어졌다.

혼합형 클라우드(Hybrid Cloud)

앞서 설명한 클라우드 모델 중에서 2개 이상을 혼합하여 사용하는 구조이다. 기업들이 그동안 사업을 해 오면서 온프레미스 형태로 IT자산을 구축해 놓았다. 또한 최근 클라우드가 중요 이슈로 떠오르면서 클라우드 사용을 확대하려는 의지를 가지고, 규모가 크던 작던 클라우드 환경을 구축해 놓은 기업들이 있다. 예를 들어 내부 IT자산의 효율적인 운영을 위해서 가상화를 활용하여 사설용 클라우드를 구축하고 AWS나 Azure를 활용하여 공공용 클라우드 환경을 동시에 사용하고 있다. 이렇게 온프레미스, 사설용 클라우드, 공공용 클라우드를 같이 사용하는 혼합형 클라우드 환경이 만들어진다.

혼합형 클라우드 서비스는 각 모델의 장점을 조합하여 각 조직이 원하는 최상의 서비스를 제공할 수 있는 장점이 있다. 일반적으로 개인정보 같은 민감한 정보는 온프레미스나 사설용 클라우드에 저장 운영하고, 일반적인 대 고객 서비스는 공공용 클라우드를 활용하면 급격한 수요 변화에 탄력적으로 대응하고, 지속적인 비용절감 효과도 유지된다. 이러한 이유로 일정 규모 이상의 기업은 대부분 혼합형 클라우드 시스템을 채택한다.

혼합형 클라우드 전략은 온프레미스 환경과 클라우드 자원을 동시 사용하여 양 시스템의 장점을 최대한 활용하는 효과적인 정책이지만 기술적으로 어려운 문제들이 존재한다. 현재 시스템구조를 다시 설계해야 하며, 이에 따라 많은 서비스나 애플리케이션의 수정이 필요하고, 시스템 운영정책도 수정해야 한다.

특히 여러 클라우드 서비스를 하나의 통일된 관리 툴로 운영하는데도 기술적인 어려움이 있다. 예를 들어 사업자가 다른 2개의 클라우드 서비스를 사용할 때에 새로운 IT자원을 어느 사업자에게 받을지도 결정해야 하고, 2개 서비스의 운영상황도 통합하여 관리해야 한다. 또 매번 사용한 IT자원에 대한 비용도 통합 관리해야 하는 어려움이 있다.

지금까지 설명한 각 클라우드 서비스의 장단점을 비교하면 공공용 클라우드는 규모의 경제로 인해 비용 절감 효과는 크지만 자원을 공유하기 때문에 이로 인해 문제점을 막기 위한 방안이 필요하다. 즉, 다른 사용자로 인해 내 서비스가 영향 받지 않아야 하고, 내 서비스로 인해 다른 사용자가 영향 받지 않도록 클라우드 사업자는 사용자에게 사용 제한을 둔다.

반면에 사설용 클라우드는 독립적인 인프라 자원을 보장하기 때문에 독립적인 운영이 가능한 장점이 있다. 그러나 사설용 클라우드는 글로벌 서비스를 위해서는 대규모 추가 투자가 이루어져야 하고, 무엇보다 규모의 경제를 이루어 비용 절감을 하는데 어려움이 있어 동일한 IT자원을 사용할 때에 공공용 클라우드에 비해 비용이 비싸다.

각 클라우드의 용도를 살펴보면 공공용 클라우드는 대 고객 서비스 등 성능과 보안에 영향이 크지 않은 서비스에 주로 사용하고, 사설용 클라우드에는 기업 내부 시스템 같이 높은 성능과 높은 보안을 요구하는 환경에서 활용한다. 그러나 최근 공공용 클라우드 사업자가 성능과 보안이 강화되면서 기업 내부 시스템 같은 중요 시스템도 공공용 클라우드를 활용하는 사례가 점차 증가하고 있다.

이러한 클라우드의 장단점과 활용 방안에 따른 기업의 클라우드 도입 전략을 생각해 보면 중소기업은 IT 예산도 크지 않고, IT 전문 인력도 거의 보유하고 있지 않기 때문에 공공용 클라우드 중심의 클라우드 전략을 추진하는 것이 효과적이다. 반면에 대기업은 고유의 요구사항이 있기 때문에 사설용 클라우드가 적합하다. 그러나 사설용 클라우드만으로는 실시간으로 변화하는 IT 수요를 대응하거나 비용 절감에 한계가 있어 공공용 클라우드도 함께 사용한다. 따라서 대기업의 IT 환경은 혼합형 클라우드 환경으로 발전하고 있다.

지금까지 기업의 IT 환경을 기업 소유 환경, 코로케이션 환경, 호스팅 환경뿐만 아니라 공공용, 사설용, 가상 사설용, 단체용, 혼합형 클라우드 환경으로 나누어 설명하였다. 모든 IT 환경은 유연한 확장성과 운영비 절감을 달성하기 위해서는 여러 관리가 필요하다. 자원의 구성, 부하의 분산, 서버 관리, SW의 설치, 서비스 모니터링 업무 등 기존의 인프라 업무와 유사한 업무들이 존재한다. 이들 업무들은 클라우드 환경이 되더라도 필요하다. 다만 이를 기업이 직접 하거나 위탁 받은 사업자가 하는 것만 다를 뿐이다. 클라우드 사업자는 인력을 투입해서 해야 하는 업무들을 지속적으로 자동화된 툴이나 시스템으로 전환하여 운영비를 극단적으로 절감하고 있다. 마찬가지로 기업들도 IT 자원의 운영을 클라우드 사업자가 맡는다고 하더라도 운영 업무를 자동화하고 업무개선 노력을 해야만 비용 효율화와 안정적인 운영의 두 가지 목표를 달성할 수 있다.

〈관련 기사〉
• 2013년 7월 16일, "삼성전자, 유명 클라우드 서비스 적극 도입…'하이브리드' 대표 사례로 떠올라", 전자신문, http://www.etnews.com/201307160337

 기사 요약

삼성전자는 대규모 기술 인력과 IT 예산을 사용하고 있어 클라우드 전환을 적극적으로 추진하였다. 특히 국내의 다른 기업들은 단일 클라우드 사

업자로 클라우드 전환을 추진하는 것과 다르게 삼성전자는 혼합형 클라우드로 전환을 추진하였고 국내의 대표적인 사례가 되었다.

스마트 TV 서비스를 위해서는 기존에 활용하였던 온프레미스 환경뿐만 아니라 아마존 AWS, 마이크로소프트 Azure를 포함한 혼합형 클라우드 환경을 구축하였다. 이를 통해 특정 사업자의 종속을 막고, 클라우드 사업자 간의 건전한 경쟁을 통해 안정적이고 저렴한 클라우드 서비스를 받도록 하였다.

이렇게 구축된 혼합형 클라우드 인프라를 활용하여 용도에 따라 최적의 조합으로 인프라를 활용하고 있다. 예를 들어 개발자 테스트를 위해서는 공공용 클라우드를 적극 활용하고, 중요 플랫폼 서비스는 온프레미스와 사설용 클라우드를 활용한다. 최근 빅데이터 같이 대규모의 인프라를 단기간에 활용해야 하는 응용 분야가 늘어가고 있어 혼합형 클라우드의 효과는 더욱더 커지고 있는 상황이다.

IaaS, PaaS, SaaS, 그리고, 여러 XaaS들

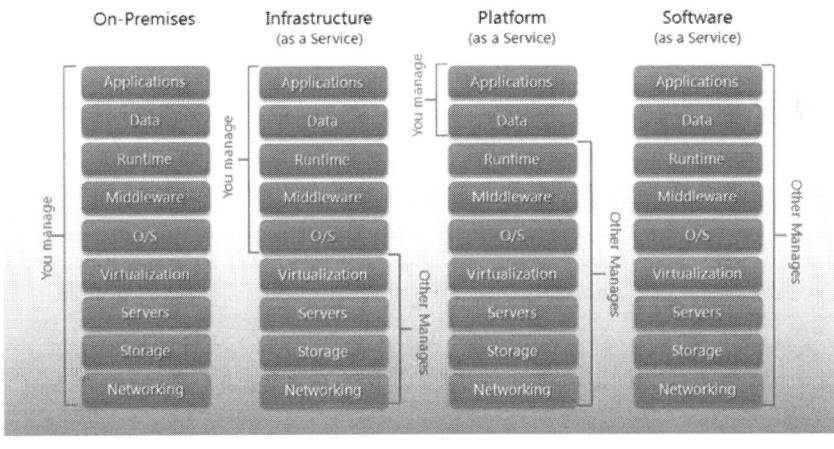

출처 : https://blogs.technet.microsoft.com/kevinremde/2011/04/03/saas-paas-and-iaas-
oh-my-cloudy-april-part-3/〉

IaaS, PaaS, SaaS를 설명하기 전에 IT환경의 기본 요소인 서버, 스토
리지, 네트워크가 가상화 기술이 적용되면서 개념 차이가 있다는 것을 먼
저 이해하고 가야 한다. 기존의 방식에서는 서버, 스토리지, 네트워크는 물

리적 용어로 한번 구매하고 설치되면 변하지 않는 물건이라고 생각한다.

클라우드 환경에서 서버는 물리적 서버 대신 가상머신(VM)으로 정의된다. 가상머신을 통해 시스템을 구축하고, 가상머신으로 구축된 시스템은 언제든지 규모를 확장하거나 축소할 수 있도록 설계되어 있다. 이 기능으로 인해 실시간으로 부하 변화에 대응할 수 있다.

스토리지는 컴퓨팅 자원과 마찬가지로 가상화된 스토리지로 확장이 자유롭도록 설계되었다. 데이터 스토리지는 자유로운 확장 이외에 이중화 같은 기술로 하드웨어의 오류나 자연 재해 등으로 인해 데이터가 유실되지 않도록 보호하며, 문제가 발생하더라도 서비스가 끊임없이 제공되기 위한 방안을 제공한다.

네트워크는 데이터의 원활하고 안정적인 전송을 위해서는 별도의 전용선을 확보하여 클라우드 사용자에게 분배하여 서비스된다. 즉, 각 클라우드 사용자의 급격한 부하가 발생하면 추가의 네트워크 자원을 확보하여 안정적인 서비스가 가능하다.

클라우드를 이야기 하면서 많이 나오는 용어가 IaaS, PaaS, SaaS이다. 이 용어의 기업 클라우드 관점에서 의미를 살펴보자.

IaaS(Infrastructure as a Service)

IaaS는 클라우드 사업자는 고객 기업이 원하는 서버, 네트워크, 스토리지 같은 물리적인 IT자원에 가상화 기술을 적용하고, 이들 IT자원을 관리하기 위한 클라우드 관리 시스템도 구축하여 놓는다. 그러면 고객 기업은 이 환경 내에 필요한 OS를 포함한 모든 소프트웨어를 설치하고, 자신이 사용할 애플리케이션을 개발하고 운영한다.

따라서 기업 고객은 가상머신(VM)에서 애플리케이션만 사용하기 때문에 기업의 IT 관리자 대신에 클라우드 사업자가 네트워크, 서버, 저장 공간을 제공 관리하고, HW의 구매, 관리, 운영, 폐기를 수행한다. 이 환경은 고객 기업이 자신이 원하는 행태로 IT 환경을 구축할 수 있는 자유도가 높은 장점은 있으나, 고객 기업이 IT 인프라를 제외한 대부분의 소프트웨어 개발의 모든 책임을 가지고 있어 클라우드 도입으로 인한 효과가 크지 않은 것이 단점이다.

사용자가 IaaS 서비스를 사용하려면 가상머신(VM)의 종류, OS, 메모리, 스토리지를 기본적으로 선택하고, 추가적으로 백업이나, OS 업그레이드 서비스 같은 관리 서비스를 선택하면 선택한 항목에 따라 가격이 정해진다. 사용 예로 아마존 AWS의 동경에 있는 데이터센터에 4개 코어 CPU와 16기가 메모리의 윈도우가 설치된 서버인 m4.xlarge 모델을 사용하면 시간당 $0.564을 지불한다. 저장 공간, 네트워크 사용량도 비슷한 방식으로 성능에 따라 다양한 요금 테이블을 가지고 있다.

IaaS를 제공하는 사설용 클라우드는 고성능 가상머신의 선택이 가능하고, 특정 버전의 OS의 설치나 특별한 가격정책도 적용할 수 있다. 운영적인 측면에서는 성능이나 보안 관련 모니터링 항목을 늘려 조금 더 세밀한 운영을 할 수 있게 한다.

PaaS(Platform as a Service)

PaaS는 클라우드 사업자가 제공하는 인프라와 여기에 같이 제공되는 프로그램 개발 환경을 제공한다. 고객 기업은 PaaS가 제공하는 프로그램 개발 환경에서 애플리케이션을 개발하고 운영한다. 프로그램 개발 환경은 OS, DBMS, Web Server 등을 포함한다.

따라서 클라우드 사업자는 서버, 네트워크, 저장장치 같은 인프라는 물론 플랫폼 소프트웨어 대해 관리와 운영 책임을 진다. 고객 기업은 단지 애플리케이션을 개발하여, 사용하고, 모니터링 하면서, 문제를 해결하고, 기능 개선을 수행한다.

가장 대표적인 플랫폼이 DBMS이지만 최근 들어 Big Data 분석 엔진, IoT 엔진, 검색 엔진 등 다양한 플랫폼들이 나오고 있고 이들 플랫폼은 API를 제공해서 애플리케이션에서 이 기능들을 사용할 수 있게 한다. 이렇게 PaaS를 쓰는 목적은 모든 애플리케이션에서 사용하는 공통 기능을 별도로 분리하여 복잡하고 비싼 솔루션의 도입 없이 애플리케이션을 사용할 수 있게 한다.

SaaS(Software as a Service)

SaaS는 클라우드 사업자가 인프라와 애플리케이션을 제공하고, 고객 기업은 이를 사용한다. 따라서 기업고객은 애플리케이션을 개발도, 운영도 하지 않는다. SaaS는 대부분 PC 또는 모바일 기기의 웹 브라우저를 통해 애플리케이션에 접근한다. 고객 기업은 서버, 네트워크, 저장 장치 같은 인프라는 물론 사용할 애플리케이션의 개발, 운영, 문제점 해결을 신경 쓰지 않고, 가입 기반(subscription based) 또는 사용한 만큼 비용을 지불한다.

SaaS에서 고객 기업은 애플리케이션 개발과 운영에 대한 부담은 없어지지만 기업의 요구사항이 일부 맞지 않더라도 주어진 애플리케이션을 그대로 사용할 수밖에 없다. SaaS 클라우드 사업자는 모든 기업의 세세한 요구사항까지 받아 줄 수 없기 때문에 기업은 이미 만들어진 SaaS 서비스 중에서 원하는 서비스를 골라서 사용한다. 이러한 특징은 국내 기업들이 매우 미세한 요구사항을 애플리케이션에 요구하는 경향이 있어 국내 SaaS 사업 활성화에 걸림돌이 된다.

그러나 대부분의 기업들은 많은 종류의 애플리케이션을 이미 사용하고 있고, 계속 개발 하면서 어려움을 겪고 있다. 모든 애플리케이션을 자체 개발에 의존하는 것은 시간도 많이 걸리고 비용도 많이 드는 작업이다. 그 동안 기업들이 SW 개발과 지속적으로 발생하는 문제점 개선, 운영상의 문제점을 대응하기 위해서 너무 많은 인력과 비용을 사용하였다면 SaaS 도입으로 이러한 문제를 해결 할 수 있다.

SaaS를 활용하면 전문 업체를 통한 애플리케이션 관리가 이루어져 문제점 해결이 빠르고 새로운 기능이 신속히 추가 된다는 장점이 있어 SaaS를 활용하는 기업이 늘어날 것으로 예측된다. 따라서 만일 안정적이고 비용 효율적인 SaaS 서비스가 있다면 적극적인 도입 검토를 해 볼 필요가 있다.

SaaS에서 제공되는 애플리케이션은 상용 SW 패키지뿐만 아니라 오픈 소스, 클라우드 사업자가 개발한 프로그램 또는 솔루션 기업들이 직접 개발한 프로그램도 포함한다. 대표적인 개인용 SaaS 서비스라고 하면 네이버의 메일, 사진관리, 일정관리, N드라이브 같은 서비스가 있고, 기업형 SaaS로는 더존비즈온의 중소기업을 위한 회계, ERP 시스템이 있고, 글로벌 서비스로는 영업 관리와 CRM에 강점이 있는 Salesforce.com, 인사 관리로 최근 각광을 받는 Workday가 유명하다. 그 외에 Microsoft Office365, Google Apps, 한컴 씽크프리 웹오피스가 기업용 협업 도구를 SaaS 형태로 제공한다.

이렇게 클라우드 서비스가 IaaS, PaaS, SaaS로 분류되고 각 클라우드 기업도 각각 전문 분야가 있고, 서비스도 구분되었으나 최근 그 의미가 점점 무의미해지고 있다. 첫 번째 이유는 모든 클라우드 사업자가 경쟁적으로 새로운 서비스를 지속적으로 내 놓으면서 IaaS, PaaS, SaaS의 경계가 애매한 서비스들이 다수 나오고 있다. 예를 들어 2014년에 AWS가 1년간 내놓은 신규 서비스와 기능이 500개를 넘었다.

둘째는 과거 클라우드 사업자가 IaaS, PaaS, SaaS로 분리되어 있었으나 이제는 그 경계가 허물어졌다. 예를 들어 AWS는 주로 IaaS 중심의 사업을 하였으나, 이제는 PaaS는 물론 Market Place를 통해 SaaS 서비스를 제공하고 있다. 마이크로소프트도 주로 Windows 기반의 플랫폼 사업, PaaS 사업을 하였으나 이제는 IaaS뿐만 아니라 SaaS 분야로 사업을 확대하고 있다.

따라서 이제는 IaaS, PaaS, SaaS가 클라우드 사업자, 클라우드 제품을 분류하는 기준이 아니라, 각 기업이 클라우드 도입 수준, 성숙도를 표현하는 의미로 쓰인다. 즉, 어떤 기업이 IaaS 수준의 클라우드 전환을 하였다는 의미는 클라우드 사업자를 통해 IT 인프라를 공급 받고 있다는 의미이고, SaaS라고 하면 기업 자체 애플리케이션 개발 없이 클라우드 사업자의 서비스를 사용하고 있다는 의미이다.

일반적으로 기업은 IaaS를 도입하여 사내 인프라를 통합하고, 그 이후에 PaaS를 도입하여 플랫폼을 통합한다. 따라서 IaaS 수준의 클라우드 도입 기업보다 PaaS 수준의, SaaS 수준의 클라우드 도입 기업이 더 높은 도입 수준과 성숙도를 가지고 있다고 말할 수 있다.

최근에는 IaaS, PaaS, SaaS뿐만 아니라 DaaS(Data as a Service), BaaS(Backend as Service), JaaS(Java as a Service) 등 많은 클라우드 용어가 만들어 졌지만 모두 필요한 때에 즉시 사용 가능하다는 클라우드 개념을 마케팅 용어로 사용하는 것이다. 이들 용어 중에는 아직까지 정식 용어로 인정받지 못한 것이 다수 있기 때문에 통칭 XaaS라 표현한다. 그래도 어느 정도 IT분야에서 인정받는 용어는 아래와 같다.

- Storage as a Service : 인터넷을 통해 데이터 저장소를 제공하는 일종의 IaaS 서비스로 사용하는 저장 공간에 따라 비용을 부과하는 클라우드 서비스이다. 스마트폰이라든지 PC 같은 디바이스에 상관없이 인터넷만 연결되면 데이터를 공유할 수 있는 서비스이다. DropBox 같은 전문 서비스 업체도 있지만 요즘은 OS에서 기본적으로 제공되고 있다.

마이크로소프트는 OneDrive라는 이름으로 애플을 iCloud라는 이름으로 서비스하고 있다. 현재는 기업보다는 개인용 저장 공간으로 주로 활용하고 있다.

- Backup as a Service : 백업은 중요한 데이터가 지워지거나 변조되어 원래 데이터로 복귀시키기 위해서 데이터를 별도 공간에 저장하는 기능이다. 이 기능은 모든 서비스에 필수적인 기능이라서 앞서 설명한 IaaS, PaaS, SaaS 모두 백업이 중요한 부가 서비스로 제공된다.

  기존의 IT 환경에서는 백업이 부가적인 테이프나 디스크 장비를 통해 이루어지는 것과 달리 클라우드 환경에서는 보다 강력한 백업 기능을 제공한다. 즉, 가상화된 스토리를 활용하여 고속으로 대용량 백업이 가능할 뿐만 아니라 인터넷을 통해 지역적으로 떨어져 있는 데이터센터로의 백업도 가능하다.

- Database as a Service : 데이터베이스를 클라우드 형태로 제공하는 것으로 PaaS의 일종이다. 데이터베이스 회사들이 자신들의 인프라에 DBMS를 설치 운영하면서 클라우드 형태의 서비스를 제공한다.

- CRM as a Service : CRM(Customer Relation Management)는 고객과 관련된 정보를 저장 관리해서 매출을 높이는데 활용하는 시스템이다. 고객의 매출 기록은 물론 과거 접촉 기록, 고객의 요청사항에 대한 처리 과정을 제공하여 고객의 만족도를 높이고 매출을 높이는데 활용한다. SalesForce.com은 CRM을 클라우드 형태로 제공하면서 글로벌 기업으로 성공하였다.

- Email as a Service : 이메일은 공공용 클라우드와 사설용 클라우드에서 모두 기업의 중요한 애플리케이션으로 제공된다. 공공용 클라우드 사업자 중에서는 Office 365를 제공하는 마이크로소프트, Gmail을 제공하는 구글이 대표적인 사업자이다.
- Data as a Service : 클라우드 환경에 대규모의 데이터를 저장할 수 있는 공간을 제공해 주면서 강력한 컴퓨팅을 통해 이들 데이터를 분석하여 다양한 형태로 정보를 제공하는 서비스이다. 최근에는 데이터의 수집과 분석을 제공하는 빅데이터(Big Data)와 같은 의미로 불리고 있다.

이번 장을 마치며

- 클라우드의 핵심 기술은 가상화이다. 가상화를 통해 물리적인 IT자원을 가상의 IT자원으로 변환하여 물리적 제약을 받지 않고 자유롭게 확장, 축소, 이동을 가능하게 한다.
- 클라우드 서비스를 제공하기 위해서는 가상화를 제공하는 하이퍼바이저(Hypervisor)를 설치하고 IT자원의 관리기능이 구성되어야 한다.
- 기업들이 IT자원을 확보하는 방법은 자체 소유, 코로케이션(Colocation), 호스팅(Hosting), 클라우드로 나눌 수 있고, 기업이 통제 가능한지 아닌지에 따라 온프레미스(On-Premise), 오프프레미스(Off-Premise)로 나뉜다.

- 기업 입장에서 공공용 클라우드(Public Cloud)는 비용 절감 효과는 크지만 기업의 특별한 요구사항을 받아 주지 않는다.

- 기업 입장에서 사설용 클라우드(Private Cloud)는 요구사항에 따라 IT자원의 사양, 운영 방식, 비용 청구 방식도 정할 수 있는 장점이 있으나, 비용이 비싸다.

- 최근에 공공용 클라우드의 일부를 사설용 클라우드로 사용하는 가상 사설용 클라우드(Virtual Private Cloud)가 제공되고 있으나 아직 보편화 되지는 않았다.

- 앞으로 대부분의 기업은 온프레미스와 다양한 클라우드 서비스의 장점을 결합하여 사용하는 혼합형 클라우드(Hybrid Cloud) 환경으로 전환할 것이다.

- 클라우드 서비스를 IaaS, PaaS, SaaS로 나누지만 기업 간 특징이 사라지고, 복합적인 서비스가 나오면서 의미는 없는 상태이다. 오히려 이들 용어가 기업의 클라우드 도입 수준을 표현하는데 사용된다.

- 국내 기업들의 독특한 요구사항으로 인해 SaaS에 대한 수요가 크지 않지만 향후 애플리케이션 개발에 필요한 시간과 비용, 그리고 유지보수를 생각하면 SaaS 도입의 긍정적인 검토가 필요하다.

기업 클라우드
현황

기업형 클라우드의 현재 상황을 살펴본다. 4장에서는 대표적인 클라우드 사업자의 현황과 앞으로
의 전략을 살펴본다. 이와 더불어 솔루션 사업자, 애플리케이션 사업자와 최근 새롭게 시작된 매니
지드 사업자에 대해서도 살펴본다. 5장에서는 기업이 클라우드 도입으로 얻을 수 있는 경영적인 측
면에서 가치를 분석하였다. 6장에서는 기업들이 다양한 클라우드의 장점에도 불구하고 도입을 꺼
리게 만드는 오해와 이에 대한 진실에 대해 설명한다.

클라우드 사업자 현황

국내의 클라우드 시장은 글로벌 대기업들이 주도하는 상황이다. 이런 이유에는 글로벌 클라우드 사업자들이 국내 기업들을 압도는 IT 투자가 있었던 것도 있지만 무엇보다 국내 기업들의 소프트웨어 역량 부족이 원인이라 생각된다. 국내 시장에서 활동하는 국내외 클라우드 사업자들의 상황과 이들 기업들의 전략을 살펴보고자 한다.

클라우드 인프라 사업자는 글로벌기업과 통신사들이다.

클라우드 인프라 사업자는 대규모 서버와 스토리지를 설치하고, 고속 인터넷이 연결된 물리적 공간인 데이터센터를 보유한 기업이다. 보통 소형 데이터센터는 수 천대의 서버를 설치 운영하고, 대형 데이터센터는 수십만 대의 서버를 설치할 수 있는 규모를 가지고 있다. 데이터센터를 방문해 보면 수많은 서버들을 건물 여러 층에 나누어져 빽빽이 쌓여져 있는 모습을 볼 수 있다.

이들 데이터센터를 유지하기 위해서는 장비를 설치해야 할 대규모 공간도 필요하지만 서버들을 동작시키기 위해 전력도 공급되어야 하고, 서버들이 동작하면서 발생한 열기를 식히기 위한 냉방 시설과 공조시설도 필요하다. 또 데이터센터는 정전이 일어나더라도 서비스가 지속되어야 하기 때문에 단기간 전력을 생산할 수 있는 자체시설을 보유하고 있다.

또한 지진과 홍수, 화재 같은 재해에 대비하기 위해 내진 설계, 화재에 대한 대비 등등 상상할 수 있는 모든 가능성을 염두 해 두고 데이터센터의 시설을 구축한다. 이런 재해에 대비하기 위해서 수시로 데이터를 백업해서 저장하는 것은 기본이고, 여러 개의 데이터센터를 구축해 놓고 하나의 데이터센터가 운영이 불가능한 상황이 되더라도 다른 지역 데이터센터에서 서비스가 운영되도록 구성하기도 한다.

구글 데이터센터 – 출처 : Google

데이터센터를 운영하기 위해서는 막대한 시설, 하드웨어뿐만 아니라 소프트웨어 측면에서 많은 투자가 필요하다. 일반적으로 데이터센터에 설치되어 있는 소프트웨어 시스템은 아래와 같다.

보안 SW

안정적이고 신뢰할 만한 서비스를 제공하기 위해 보안 솔루션 도입이 필요하다. 먼저 네트워크를 통해 유입되는 트래픽을 제어하기 위해 네트워크 장비에 대한 보안 솔루션을 설치하여 비정상적인 트래픽의 유입을 막는다. 또한 각 서버에 백신 소프트웨어를 설치하여 해커의 공격으로부터 이를 인지하고 방어할 수 있도록 한다. 보안 모니터링도 중요한 기능이다. 실시간으로 유입되는 트래픽의 추이와 내용을 분석하여 이상 징후가 포착이 되면 예방적 차원의 대응을 한다. 또 관련 로그를 남겨 놓아서 혹시라도 추후에 사고가 발생하면 원인을 분석할 수 있는 정보로 활용한다.

네트워크 SW

네트워크 관리 SW는 라우터, 스위치 같은 네트워크 장비를 관리하고, 네트워크로 전달되는 트래픽을 모니터링 한다. 이를 통해 네트워크 성능이 떨어지거나 장비에 문제가 발생할 때에 신속히 조치를 취한다.

백업과 복구 SW

백업SW는 데이터센터에 있는 서버의 애플리케이션과 관리하는 데이터를 복사하여 치명적인 장애가 발생할 때에 복구할 수 있게 하는 필수 기능이다. 복구 SW는 저장해 놓은 백업 데이터를 신속하게 다시 서버와 저장 장치에 복원하여 정상 서비스가 되도록 한다. 백업과 복구 SW는 서비스 중단 없이 동작되어야 하고, 가능한 실시간 백업이 이루어지고, 복구 시간도 가능한 신속히 이루어져야 서비스 중단 시간을 최소로 할 수 있다.

데이터센터 관리 시스템

데이터센터를 유지하기 위해서는 전원, 냉난방, 비상전원 장치 등의 시설을 실시간으로 관리해야 한다. 데이터센터는 엄청난 양의 전기 에너지를 소비하기 때문에 불필요한 전원이 사용되는지 감시하고, 필요한 조치를 자동으로 할 수 있도록 시스템이 필요하다. 특히, 정전 같은 비상사태가 발생하면 즉시 배터리에 저장된 전력으로 서버를 가동하여 서비스가 중단되지 않게 하고, 정전 시간이 길어지면 내부에 가솔린 발전기를 통해 자체 전력 생산체계로 전환을 한다. 이러한 과정이 끊임없이 이루어져야 하기 때문에 상시 비상훈련을 통해 모든 장비가 정상 동작되고 시스템이 문제없는지 확인해야 한다.

국내에서 데이터센터를 가지고 클라우드 인프라 사업을 추진하는 사업자를 보면 공공용 클라우드는 글로벌 기업들과 국내 통신사들이 주도하고 있다. 사설용 클라우드 시장은 국내 SI 회사들이 주도하고 있다.

먼저 공공용 클라우드 인프라 시장을 살펴보면 데이터센터를 보유한 KT, SK브로드밴드, LGU+ 같은 국내 망통신사 중심으로 사업을 추진하고 있지만 아직 규모와 기능 면에 있어서 글로벌 클라우드 인프라 사업자가 시장을 주도하고 있다. 글로벌 사업자는 이미 규모의 경제를 이룬 상태라서 거의 매달 기존 제품의 가격을 인하하거나, 매달 새로운 기능의 서비스를 출시하면서 고객을 유치하는데 매우 적극적으로 대응하고 있다.

이러한 상황에서 국내 통신사들은 국내기업의 장점을 살려 시장을 지키기 위해 노력하고 있다. 국내 클라우드 기업의 장점인 국내에 데이터센터가 있다는 점을 부각하고, 국내에 모든 엔지니어가 있어 기술 지원이 원활하다는 점을 강조한다. 이에 맞서 글로벌 클라우드 사업자는 국내에 데이터센터를 유치하고, 국내 기술 지원인력을 보강하는 전략을 펴고 있다.

최근에는 국내 클라우드 사업자들이 치열한 공공용 클라우드 시장을 피해 공공용 클라우드 환경을 활용하여 사설용 클라우드 시장으로 접근하는 것도 추진하고 있다. 공공용 클라우드 환경에 각 기업마다 물리적으로 분리된 인프라 환경을 구축하는 가상 사설용 클라우드(virtual private cloud)에 관심을 가진 것으로 파악된다. 이 서비스는 공공용 클라우드의 장점인 규모의 경제는 살리고, 기업이 원하는 맞춤 서비스를 제공하는 강점이 있다.

대표적인 기업의 상황과 전략을 설명하려고 한다. 클라우드 사업이 본격화 되면서 클라우드 사업자간의 경쟁도 치열해지고 있다. 이에 따라 클라우드 사업자의 전략도 급변하고 있어 이 책을 읽을 시점에 기업과 시장 상황이 크게 달라질 수 있다는 점을 미리 이야기 한다.

Amazon Web Services(AWS)

AWS는 고객의 수나 인프라 용량 면에서 대표적인 공공용 클라우드 사업자이다. AWS는 초기에는 IaaS에 초점을 두고 사업을 하면서 대규모 데이터센터에 서버와 스토리지를 설치해 놓고 세계 각국으로 인터넷 연결을 구축하였다. 최근에는 PaaS 영역의 서비스도 적극 출시하고 있다. 데이터베이스 분야를 중심으로 데이터 분석 엔진, 모바일 등의 플랫폼 서비스도 출시하고 있다. SaaS 분야에 대해서는 서비스 포털에 마켓플레이스(Market Place)를 만들어 놓고 다양한 SW 개발사가 개발한 SW를 제공하고 있다. 따라서 고객들은 마켓플레이스에서 원하는 SaaS 상품을 선택하면 AWS의 인프라 위에서 SW 개발사가 개발한 SW가 동작되어 바로 서비스를 사용할 수 있다. 비용 정산도 통합하여 정산이 가능하여 SW 사용 비용은 고객이 AWS에 지불하면, AWS가 SW 개발사에게 주는 구조로 되어있다.

AWS가 클라우드 사업으로 이미 규모로서 가장 큰 경제성을 가진 서비스를 제공하고 있고, 계속해서 새로운 서비스를 발표해서 기술적인 측면에서도 앞서 가고 있다. 당분간 AWS가 공공용 클라우드 시장에서 선두를 차지할 것으로 판단된다.

마이크로소프트

Windows, Office로 PC 소프트웨어 시장과 Windows Server, MS SQL으로 서버 소프트웨어 시장을 장악한 마이크로소프트는 클라우드 컴퓨팅에도 전 분야에 강점을 가지고 있다. 사설용 클라우드 서비스 구축에 필요한 하이퍼바이저 솔루션도 있고, 애저(Azure) 서비스로 공공용 클라우드 서비스를 제공하고 있다. 공공용 클라우드 서비스도 가상머신의 IaaS 뿐만 아니라 DBMS, 개발 환경을 제공하는 PaaS 영역도 강점이 있고, Exchange, Office 등의 SaaS 영역도 커버하고 있다.

사업 전략을 보면 대규모 저가로 대응하는 AWS에 비해 차별화된 전략을 사용하고 있다. 이미 기존 제품으로 많은 기업 고객을 확보한 마이크로소프트 입장에서 기업 고객을 적극 활용하고 있다. 일차적으로는 자체 하이퍼바이저 솔루션을 가지고 있으므로 온프레미스 환경을 사설용 클라우드로 전환하는 사업을 추진한다. 그리고 온프레미스 환경과 공공용 클라우드 환경인 Azure를 통합하는 혼합형 클라우드 전략을 적극적으로 추진하고 있다.

구글

구글은 인프라 사업보다는 구글이 가진 메일, 문서 편집기(Docs), 주소록 같은 클라우드 서비스를 활용할 수 있는 플랫폼 사업을 주력 하였으나 클라우드 인프라 사업이 가장 빠르게 성장하면서 적극적으로 인프라 사업을 추진하고 있다. 이와 동시에 계속해서 애플리케이션 개발 툴, 데이터베이스 등의 PaaS 서비스를 출시하고 있다.

구글은 공공용 클라우드 사업은 시작한지 얼마 되지 않아 아직은 경쟁자인 AWS나 마이크로소프트에 비해 서비스가 다양하지 않지만 구글이 가진 기술적 강점으로 인해 다른 경쟁자 대비 기술적으로 차별화된 서비스를 출시할 것으로 예상된다. 또한 이미 경쟁력을 가진 Google Apps와 새로운 애플리케이션을 확보하여 IaaS, PaaS뿐만 아니라 SaaS 분야에 경쟁력을 강화할 것으로 보인다.

IBM

IBM은 공공용 클라우드 서비스를 제공하고 있고 이와 병행해서 사설용 클라우드나 혼합형 클라우드의 설계와 구축을 해 오고 있다. 클라우드 구축 사업은 SI 형태로 진행하고 있다. 사실 IBM은 Softlayer라는 공공용 클라우드 서비스를 제공하고 있지만 아직 경쟁 기업에 비해 확실한 성과를 보이지는 못한 상황이다. IBM이 가진 명성과 국내 기업과의 좋은 관계를 활용하여 국내 기업과 공동 사업을 추진하고 있으나 사업적 성과에 대해서는 조금 더 두고 봐야 할 것으로 생각된다.

그 외에 최근에는 클라우드 관련 솔루션 사업자인 오라클이나, VMWare 같은 회사도 공공용 클라우드 사업을 추진하고 있어 앞으로 사용자가 선택할 수 있는 클라우드 사업자의 폭이 넓어지고 있다. 따라서 앞으로 기업들은 IT 인프라에 대한 요구사항과 각 클라우드 사업자가 제공하는 기능을 비교 분석하여 최선의 클라우드 사업자를 선정하는 것이 무엇보다 중요하다.

일반적으로 클라우드 인프라 사업자는 보안상의 이슈로 어느 곳에 데이터센터가 있는지, 몇 대의 서버를 운영하는지, 무슨 서비스가 이들 서버에서 운영되는지 밝히지 않는다. 따라서 클라우드 사업자의 순위를 정할 때에 매출을 주로 사용하는데 기업 매출에서 클라우드 분야 매출만 분리하는데 어려움이 있어 조사기관에 따라 클라우드 사업자 순위가 다르고 순위에 대한 논란이 있다. 그러나 2015년 말 기준으로 아마존이 운영하는 아마존 웹 서비스(AWS)가 가장 큰 클라우드 인프라 사업자로 알려져 있다. 그 다음으로 마이크로소프트사가 제공하는 애저(Azure) 서비스가 그 다음으로 큰 것으로 알려져 있다. 이 두 회사가 가장 적극적으로 클라우드 시장을 키워가고 있다.

사설용 클라우드 시장은 클라우드 솔루션을 도입하여 클라우드 IT환경을 구축하는 SI 사업이 대부분이다. 일부 국내기업이 하이퍼바이저 같은 클라우드 플랫폼을 개발하였지만 아직은 외산 솔루션에 비해 시장에서 영향력은 작은 것으로 파악된다. 따라서 SI 기업들이 사설용 클라우드 구축을 희망하는 기업을 영업하여 그 기업을 대상으로 사설용 클라우드를 구축하고 계약에 따라 운영까지 대행하는 사업을 하고 있다.

대기업 중심으로 그룹사의 클라우드를 담당하는 자회사들이 있다. 아직까지는 이들 기업들을 중심으로 사설용 클라우드 구축 사업을 추진하고 있다. 조금 더 구체적으로 HP, Accenture, 삼성SDS, LG CNS, SK C&C 같은 기업들은 자체 또는 글로벌 업체에서 도입한 클라우드 솔루션을 활용하여 사설용 클라우드나 혼합형 클라우드의 구축 사업을 추진하고 있다. 즉, AWS, 마이크로소프트처럼 공공용 클라우드 사업을 추진하여 서비스 매출을 기대하는 것이 아니라 기업 고객을 대상으로 클라우드 환경을 구축하고 이에 대한 설계 및 컨설팅 비용, 개발 비용과 운영비용을 받는 형태이다.

이들 업체의 강점은 고객의 요구사항에 맞추어 기존의 클라우드 솔루션을 구축하는 능력이다. 따라서 자체 클라우드 솔루션을 보유하고 발전 시켜야만 지속적으로 클라우드 사업을 추진할 수 있는 역량이 확보되는데 불행히도 아직 국내 기업들의 클라우드 솔루션 관련 기술 수준이나 역량이 부족한 것이 현실이다. 많은 기업들이 혼합형 클라우드 사업을 표방하고 있지만 뒤에서 설명하겠지만 통합된 클라우드 환경을 제공하지 못하고 단순 연계하는 구조라서 엄밀한 의미에 혼합형 클라우드 사업은 아직 미미한 상황이다.

또 다른 클라우드 인프라 사업자로는 데이터센터에 네트워크를 공급하는 네트워크 사업자가 있다. 세계 각국의 인터넷 망을 서로 전용망으로 연결하여 대용량의 데이터를 빠르게 전달하여 데이터센터와 사용자가 물리적으로 멀리 떨어져 있더라도 빠른 서비스를 가능하게 만든다. 국내에서는 통신사가 그 역할을 맡고 있고, 가장 대표적인 글로벌 네트워크 사업자로는 아카마이(Akamai)가 있고, 아마존도 최근 시장에서 점유율을 크게 높여가고 있다.

글로벌 기업들과 대형 SI 중심으로 클라우드 사업이 진행되면서 소규모 데이터센터를 보유하고 중소기업을 대상으로 코로케이션이나 호스팅 사업을 제공했던 국내 중소 인프라 사업자는 고민이 깊어지고 있다. 클라우드 시대 이전에는 분명한 틈새시장이 존재하고 있었지만 클라우드로 중소 인프라 사업자의 역할이 급속히 축소되고 있다. 이들 기업들이 생존을 위해서 많은 고민과 시도를 하고 있다.

현재 시점에서 가능한 선택으로는 가지고 있는 인프라를 클라우드 환경으로 전환하고 사설용 클라우드 사업자로 전환하는 것이 하나의 방법이고, 자체 인프라와 공공용 클라우드를 통합한 혼합형 클라우드 사업자로 전환하는 것이 다른 방법이다. 두 방법 모두 중소기업 입장에서는 지금의 사업 구조를 바꾸는 일이고 장기적인 투자가 필요한 전략이라서 신중한 결정이 필요하다.

〈관련 기사〉
- 2016년 1월 11, 전운 감도는 국내 클라우드 시장... 거침없는 아마존, IBM, 오라클의 행보", 아주경제, http://www.ajunews.com/view/20160111110623505
- 2014년 11월 25일, "해외 기업 격전장 된 국내 클라우드 시장", 이데일리, http://www.edaily.co.kr/news/NewsRead.edy?SCD=JE41&newsid=01131606606289328&DCD=A00504&OutLnkChk=Y

아직 국내 클라우드 시장의 규모는 크지 않은 것으로 파악되고 있다.

막강한 역량을 가진 국내 SI 기업들이 자신들의 사업 모델을 보호하는 과정에서 클라우드 시장이 크게 발전하지 못한 것도 한 원인이라 보고 있다.

그러나 그 사이 글로벌 IT 기업들은 클라우드로 사업을 전환하고 이제는 국내 클라우드 시장을 점령하려는 시도가 본격화하고 있다.

가장 대표적인 기업으로는 세계 1위 클라우드 사업자인 아마존이 국내 클라우드 사업을 확대하기 위한 전략을 추진하고 있다. 2016년 1월에 아마존은 국내 데이터센터 건립을 발표했다. 아마존이 구축한 데이터센터는 일본, 중국에 이어 아시아에서 5번째로 국내 클라우드 시장의 잠재력을 생각한 투자이다. 아마존은 서울 데이터센터 구축을 통해 중소기업은 물론 대기업 위주로 국내 고객 기업 유치에 나선다는 전략이다.

IBM도 국내 클라우드 시장 공략을 본격화하고 있다. IBM은 SK C&C와 공동으로 판교에 클라우드 센터를 올해 안으로 구축할 계획이다. IBM은 판교 클라우드 센터를 통해 국내 고객에 대한 클라우드 서비스 역량을 강화하면서 고객 확보를 할 계획이다. 마이크로소프트도 2016년도에 국내 데이터센터를 확보하려는 계획을 가지고 있다. 오라클도 그 동안 라이선스 사업에서 벗어나 클라우드 사업으로 전환을 전사 차원에서 적극 추진하고 있고, 2016년부터는 그 성과가 나타날 것으로 예측되고 있다.

이렇게 아마존, IBM, 마이크로소프트 등 글로벌 IT기업들이 국내 클라우드 시장 공략에 속도를 내고 있다. 클라우드에 대한 국내 기업과 공공기관들의 인식이 개선되고 있고, 세계 최초로 클라우드 활용을 장려하기 위해 만들어진 '클라우드법'으로 인해 국내 클라우드 시장 활성화 여건이 조성되고 있는데 따른 영향으로 풀이된다.

솔루션 사업자들도 클라우드 시장에 참여하고 있다. ☁️

클라우드 서비스가 제공되기 위해서는 다양한 솔루션이 있어야 가능하다. 제일 먼저 서버에 운영체계를 설치해야 한다. 클라우드 서버에서 가장 많이 선택되는 것은 리눅스와 윈도우 이다. 리눅스는 오픈 소스로 소프트웨어 라이선스를 구매하지 않아 클라우드 서버의 운영체계로 많이 사용된다. 반면에 윈도우는 풍부한 개발 환경을 제공해서 애플리케이션 개발이 용이하기 때문에 신속한 서비스 개발을 위해 많이 활용된다.

그 다음으로 필요한 것이 IT 서비스를 제공하는데 필요한 데이터를 저장하고, 검색 기능을 제공하는 데이터베이스관리 시스템(DBMS : Database Management System)이 필요하다. 일반적으로 MySQL이 오픈 소스라서 많이 활용되고 있으나, 성능과 보안이 중요한 데이터에 대해서는 비싼 라이선스 비용이 있더라도 오라클(Oracle), 마이크로소프트사의 MS SQL 같은 상용 데이터베이스관리시스템도 중요하게 활용된다.

최근에는 저장하는 데이터의 양이 급속히 증가하고, 정형화되지 않는 데이터들이 증가됨에 따라 기존의 DBMS와 다른 개념의 NoSQL(Not Only SQL) DBMS에 대한 관심이 높아지고 있다. 이들 NoSQL DBMS는 기본적으로 대용량 데이터에 대한 분산 병렬 처리가 가능하다. MongoDB, Cassandra 등이 대표적이다.

지금 설명한 클라우드 솔루션 사업자 외에도 데이터센터를 구축하기 위해서 대규모의 서버들을 통합 관리하기 위한 가상화(Virtualization) 기술을 가진 VMWare, CITRIX도 있다. 또한 클라우드 서비스를 운영하기 위해서 서버, 저장장치, 네트워크 등이 정상 동작하는지 확인하고, 문제가 발생할 때에 운영자에게 알리는 모니터링 솔루션을 제공하는 사업자도 있고, 주기적으로 고객의 데이터를 백업(backup)하고 분산 저장시켜 재난이 발생할 때에 대응할 수 있는 솔루션도 있다. 클라우드에서 보안은 대단히 중요한 이슈이기 때문에 서버 보안, 네트워크 보안, 데이터보안 등의 특화된 업체들이 많이 있다. 클라우드 사업이 지속 성장하면서 이 생태계 내에서 많은 사업자들이 생겨나면서 여러 솔루션들이 만들어지고 있다.

클라우드 애플리케이션 사업자는 계속 늘어나고 있다.

국내 클라우드 애플리케이션 사업자 중에 절대적인 강자가 아직 보이지 않는 상태이다. 미국에서는 세일즈포스닷컴(SalesForece.com)이 고객 정보와 영업 정보를 관리하는 CRM(Customer Relationship Management) 분야에서 독보적인 위치를 차지하고 있다. 또한 마이크로소프트의 경우 오피스를 클라우드 버전으로 출시한 office 365에 대한 영업을 강화하고 있다. 구글은 이미 여러 명의 공동작업에 장점이 있는 Gmail, Docs 같은 서비스를 기업용으로 제공하고 있다.

국내 기업으로는 네이버는 웍스모바일이라는 자회사를 설립하여 메일, 캘린더, 주소록 등의 서비스를 기업에게 제공하는 사업을 시작하였다. 한글과컴퓨터도 기존 한컴오피스를 클라우드 버전으로 출시하였고, 중소기업의 ERP에 강점이 있는 더존디지털도 클라우드 사업을 강화하고 있다.

이러한 클라우드 애플리케이션 사업자의 노력에 비해 국내의 애플리케이션 분야의 활성화는 아직 일어나지 않고 있다. 아직 시장 초기라는 점이 가장 큰 이유지만 국내 기업이 클라우드 애플리케이션에 대해 부정적인 인식을 가지고 있는 것으로 판단된다. 특히, 기업의 중요한 데이터가 기업이 관리하지 못하고 클라우드 애플리케이션 사업자에게 주도권이 넘어가는 것으로 인식하는 것이 가장 큰 걸림돌이라 생각된다.

앞으로 이러한 인식의 변화는 클라우드 애플리케이션의 성공 스토리가 몇 개가 만들어지면 쉽게 변화할 것으로 생각된다. 음악을 소비하는 방식이 CD에서 인터넷 다운로드로 이제는 스트리밍 서비스(Streaming Service : 라디오를 듣는 것처럼 인터넷을 통해 그때그때 데이터를 받아서 음악을 재생하는 서비스)로 습관이 변화하는데 그리 많은 시간이 걸리지 않은 것처럼 클라우드 애플리케이션의 사용도 급속히 증가될 것으로 예측된다.

클라우드 매니지드 사업자가 생겨나고 있다. ☁

사내 IT 인프라와 애플리케이션을 설치만 해 놓는다고 서비스가 제공되는 것이 아닌 것처럼 클라우드 서비스도 지속적으로 인프라에 문제가 없는지, 서비스는 안정적으로 운영되는지 확인하고 문제가 발생할 때에 해결하는 매니지드(Managed) 서비스가 필요하다.

클라우드 서비스의 사업적 성과를 높이기 위해서는 전문화된 매니지드 서비스가 필요하다. 새로운 클라우드 수요에 대비해서 IT자원을 준비시키고, 관리하는 IT자원들이 정상동작 하는지 파악하고, 장애뿐만 아니라 보안 문제가 발생했을 때 대응하는 체계가 구축되어 있어야 한다. 그래야만 서비스 중단 없이 안정적인 서비스가 가능하다. 또한 수요가 감소하거나 필요 없게 된 인프라를 즉시 해지해서 불필요한 비용 발생을 막아야 비용 절감을 이룰 수 있다.

더욱이 최근에는 기업의 클라우드 전환을 컨설팅 해 주고, 이에 따라 이전 계획을 수립해 주는 역할이 추가되어 기업의 클라우드 관련 원스톱 서비스를 제공하는 방향으로 진화하고 있다. 이러한 흐름은 그 동안 기업들이 클라우드 관련 충분한 전문 인력과 기술을 보유하고 있지 않은 상황에서 기업이 쉽게 클라우드 전환을 할 수 있게 도와주는 역할을 할 것으로 기대된다.

기사 요약

클라우드 컴퓨팅에 대한 관심이 높아지면서 클라우드를 도입하려는 기업이 늘어가고 있다. 하지만, 클라우드 사업자를 선정하고, 클라우드 전환을 추진하고, 그리고 나서 운영을 통해 클라우드의 혜택을 얻기까지는 많은 어려움이 있다. 이러한 문제점을 해결하기 위해서 클라우드서비스브로커리지(CSB : Cloud Service Broker), 클라우드 매니지드 서비스(MSP : Managed Service Provider) 사업에 뛰어드는 업체들이 늘어나고 있다.

지금까지 영우디지털을 비롯해 동부CNI, 소프트웨어인라이프, 농심 NDS 등이 이 사업을 시작하였고, 다수의 SI업체들과 호스팅업체, HW 유통업체들이 이 시장 진입을 위해 준비하고 있다. 또한 베스핀 글로벌 같이 클라우드 매니지드 서비스 사업을 위한 신규 기업이 설립되고 있다.

이들 사업자는 클라우드 전환을 통해 기업에 최적화된 클라우드 서비스를 도입하고 사용할 수 있는 역할을 한다. 예를 들면 AWS, Azure, KT, SKT 등이 클라우드 서비스 사업자라면 이들 사업자의 다양한 클라우드 서비스를 사용할 수 있게 하면서 그 과정에 일어나는 많은 어려움을 클라우드 전문가를 통해 해결해 주는 역할을 한다.

관련업계가 CSB, MSP에 높은 관심을 보이는 이유는 아직 국내 클라우드 시장이 활성화 되지 않아 클라우드 전문가 pool도 크지 않고, 클라우드 전문 기업도 적어 기업이 요구하는 클라우드 기술을 제공하지 못하기 때문이다. 이러한 추세는 국내만이 아니라 세계적으로도 같은 상황이라서 CSB, MSP 사업이 형성되는 단계라서 국내 기업이 도전해 볼만한 분야이기 때문이다.

CSB, MSP 사업은 국가적으로도 미래창조과학부가 육성하는 사업모델이다. 미래창조과학부는 클라우드 발전법과 관련해 중소 클라우드 기업의 '협업생태계 조성'에 초점을 맞추면서 관련 사업을 지원할 계획이다. 특히 앞으로 클라우드 시장이 커짐에 따라 기업들이 클라우드 서비스 도입에 따른 솔루션 자산, SLA 상호 의존성, 컴플라이언스, 보안 위험관리 등 기업들이 직면한 다양하고 복잡한 이슈를 해결해 주는데 전문 업체가 필요할 것으로 예상되기 때문에 이들 사업의 장래가 밝다고 판단하고 있다.

하지만 CSB, MSP 사업이 성장할지 우려하는 시각이 있다. 먼저 국내 클라우드 시장 규모가 크지 않아 이들 기업이 성장할 만한 시장 규모를 만들지 못할 것이라는 시각이 있고, 국내 시장이 커진 이후에 기술력과 자본력으로 무장한 글로벌 기업이 들어오면 결국 국내 시장을 내어 줄 수밖에 없다는 관점도 있다. 이러한 상황에서 국내기업 간의 과당 경쟁을 통해 수익 구조가 나빠지고 글로벌 클라우드 사업자만 혜택이 돌아갈 수 있다는 예상도 있다.

결국 이러한 우려는 사업에 참여하는 기업들이 풀어야 할 숙제라고 본다. 자체 기술력을 높이고, 단순 가격 경쟁이 아닌 역량 중심의 경쟁 체계를 도입해야만 클라우드 시장도 커지고, 기업의 성장도 담보될 수 있다.

이번 장을 마치며 ☁

- 클라우드 사업자들은 자체 데이터센터에 대규모 IT 자산을 구매 보유하고 있고, 운영에 필요한 소프트웨어를 설치하여 전문 인력을 통해 관리하고 있다.

- 기업을 위한 공공용 클라우드 시장은 아마존 AWS, 마이크로스프트 애저(Azure), 구글, IBM이 대표적인 사업자이며 국내 통신사들이 국내 실정에 맞는 차별화된 서비스로 대응하고 있다.

- 기업을 위한 사설용 클라우드 시장은 SI 업체 중심으로 클라우드 환경 구축 사업을 중심으로 커지고 있으나, 기업들의 자체 클라우드 솔루션 역량이 부족한 것이 약점이다.

- 기업용 클라우드 애플리케이션 시장은 국내 기업의 주도권 상실에 대한 우려로 활성화되지 않고 있으나 성공 사례가 만들어지면 급속히 커질 것으로 예상한다.

- 클라우드 역량이 부족한 기업의 클라우드 전환을 돕는CSB(Cloud Service

Broker), MSP(Managed Service Provider) 사업자가 늘어나고 있다.

- 기존의 코로케이션, 호스팅 사업을 추진했던 중소 인프라 사업자는 클라우드 시대를 맞아 사업 전략 수정이 필요한 시점이다. 사설용 클라우드 사업자 또는 혼합형 클라우드 사업자로 전환을 위한 투자가 필요하다.

기업 클라우드의 가치

많은 경영자들이 클라우드의 중요성을 강조하고 있고, 클라우드로 전환을 강조하지만 실제로 클라우드의 가치를 이해하고 설명하는 경우가 많지 않다. 이 과정에서 클라우드를 하나의 신기술로 오해하면서 기업이 클라우드 도입 여부를 고민하는 것을 본다.

그러나 클라우드 도입은 기업이 IT 현대화를 위해서 반드시 가야 할 길이다. 따라서 클라우드 전환은 선택의 문제가 아니라 언제 실행할 것인가를 고민해야 하는 시기의 문제이다. 이 장에서는 클라우드가 기업에게 주는 가치를 설명하고 왜 기업이 클라우드를 도입해야 하는지 살펴보고자 한다.

기업들은 IT로 인해 사업에 어려움을 겪고 있다. ☁

IT 기술이 보편화 되면서 모든 산업에서 IT기술이 경영 전반에 커다란 영향을 미치고 있다. 과거 IT와 전혀 관련이 없는 제품이나 서비스들이 IT 와 결합하면서 기존 사업이 영향을 받게 된다. 그런데 이러한 영향은 시간 이 지날수록 급격히 증가한다는 것이 경영자들의 더 큰 고민이다.

예를 들어 전자제품에 인터넷 서비스를 포함하여 판매한다고 하자. 스마 트폰에 카카오톡 같은 메신저 서비스 또는 음악 서비스를 넣어서 판매한다 고 가정을 하자. 이 서비스를 제공하는 IT 시스템의 규모는 서비스를 받는 제품, 스마트폰이 누적으로 팔린 댓 수에 비례한다. 2012년에 100만대 제 품이 판매되고, 2013년에 200만대, 2014년에 300만대가 판매 되었다면 IT 시스템이 감당해야 할 사용자는 누적되어 증가된다. 즉, 2014년 초에는 2012년과 2013년에 판매된 총 300만대(100만대+200만대)가 접속하지만, 2014년 말에는 600만대(100만대+200만대+300만대)의 사용자가 접속하여 연초 대비 2배의 사용자가 늘어난다. 즉, 제품이 팔리면 팔릴수록 IT 시스템에 대한 부담은 급격히 증가한다. 만일 2014년에 제품 판매가 부진하여 2013 년에 비해 50만대가 감소한 150만대만 팔렸어도 IT시스템이 서비스해야 할 기기는 450만대(100만대+200만대+150만대)로 2013년 대비 50%가 증가한다.

또 다른 측면으로 서비스의 활성화로 사용량이 증가하면 IT 시스템의 부 담은 더 크게 증가한다. 예를 들어 카카오톡으로 보내지는 메시지가 작년 에 비해 2배로 증가하면 제품 판매로 인한 누적 효과 2배와 사용량 증가로 생긴 효과 2배로 인해 총 4배의 IT 시스템의 규모가 커진다. 제조업 관점에서 보면 13년에 200만대의 제품이 팔리고, 14년도에 300만대의 제품이 팔려 대수만 100만대 늘었는데 IT 시스템의 규모를 4배로 늘려야 하는 상황이 발생한다. 심지어 13년에 비해 매출이 감소하였더라도 IT 시스템 규모를 2배 이상 늘려야 한다. 이러한 일이 발생하면 제조 마인드를 가진 경영자는 이 상황이 이해도 안 될 뿐만 아니라 급격히 늘어난 IT 비용 지출을 승인하려 하지 않는다.

증가하는 IT 비용에는 서버, 스토리지의 구매 비용, 네트워크 사용료, 소프트웨어 라이선스 비용, 전기 사용료, 운영 인건비 같은 직접적인 비용도 있지만, 장비들이 노후화 되면서 이를 교체하는 비용, 새로운 서비스를 개발하는 비용, 기존 애플리케이션의 기능 개선을 위해 비용이 계속적으로 발생한다. 최근에는 경영 상황 변화에 따라 서비스를 통폐합하는 업무도 늘어나고 있고, Big Data로 불리는 수집된 정보를 분석하는 대규모 신규 IT에 대한 수요로 업무 규모가 더 급격히 증가하는 상황이다.

이런 상황이니 기업의 IT부서들은 거의 매일 야근을 하면서도 제대로 일정도 맞추지도 못하고, 새로운 요구사항에 대해서 부정적인 태도를 보이고, 설령 의사결정을 통해 새로운 요구사항이 들어와도 인력이 없어서 못한다고 이야기하는 것도 충분히 이해되는 상황이다.

클라우드는 IT로 인한 기업의 어려움을 해결한다. ☁

대다수 중견기업 이상의 기업들은 IT 예산의 66%는 기존 시스템의 유지보수에 쓰고, 20%는 새로운 요구사항에 따르는 개선 업무에 쓰고, 단지 14%만이 신규 사업을 위한 과제, 새로운 제품과 서비스 도입에 쓴다는 통계가 있다. 통계의 숫자를 떠나서 사실 상당한 규모의 새로운 과제라고 CFO에게 보고되고 승인을 받은 과제 중에도 기존 시스템의 운영과 유지보수를 위한 비용이 상당히 숨겨져 있다. 간단히 표현해서 거의 대부분의 회사가 기존 시스템의 유지보수에 대부분의 인력과 예산이 들어간다.

특히 시장이나 경영의 변화로 IT 시스템의 요구사항이 발생해도 인력과 예산 부족으로 실제 시스템으로 구현하는데 너무 오래 시간이 걸린다. 그래서 매번 일정이 정해진 시스템 개발에 집중하게 되어 새로운 IT 시스템 기획은 뒤로 밀리게 된다. 여기에 계속 기존 시스템의 유지보수 업무에 많은 인력이 계속 투입된다. 결과적으로 IT 조직이 사업에 필요한 핵심 조직보다는 주어진 업무만 수행하는 운영 조직으로 인식되고 있다.

이런 상황에서 클라우드는 기업에게 구세주와 같은 존재이다. 복잡하고 어려운 IT 문제를 해결해서 기업이 핵심 사업에 집중하게 만들기 때문이다. 단순하게 생각하면 클라우드가 IT부서 직원들의 어려움 점을 해결해 IT부서 직원들의 만족도를 높이기 위해 필요한 것으로 생각하기 쉽지만 클라우드의 가장 중요한 효과는 불필요한 업무를 제거하여 자원을 효율화하고, 그 자원을 기업의 핵심 역량에 집중하게 한다.

전자제조업 회사는 우수한 품질의 상품을 싸게 만드는 것이 목적이지, IT 시스템을 안정적으로 운영하기 위해 많은 인력을 채용하고, 투자하는 것은 비효율적이다. 같은 이유로 기업의 사내 식당을 직접 운영하지 않고, 외부 전문 업체에 위탁하고 있다. 기업의 자원이 핵심 역량이 아닌 곳으로 분산되는 것을 막기 위해서다.

만일 여러분의 회사가 IT 역량이 사업의 핵심 역량이라면 클라우드 전략을 세우지 않아도 된다. 식음료 회사는 회사 식당을 직접 운영하면서 새로운 제품과 서비스의 테스트 환경으로 사용하는 것이 제품의 품질을 높이는데 유용한 방법일 것이다. 마찬가지로 여러분의 회사가 CISCO처럼 네트워크 장비를 만들거나, Dell처럼 서버를 만든다면 클라우드 전략이 그리 중요하지 않고, 다양한 제품과 서비스를 사내에 먼저 활용하면서 제품 개선에 필요한 정보를 수집할 수 있을 것이다. 하지만 핵심 사업이 또 핵심 역량이 IT가 아니라면 클라우드 전략을 즉시 세워야 한다. 클라우드 전략은 IT자원을 기업 내부가 아니라, 외부 전문 기업으로부터 조달하기 위한 전략이다.

클라우드로 얻는 핵심 성과는 신속한 사업대응이다. ☁

기존의 IT 서비스 제공 방식은 너무 많은 시간을 소모한다. 예를 들어 어떤 기업이 고객 수가 늘어나면서 체계적인 고객 관리를 위해 신규 시스템을 도입하기로 결정하였다. 각 고객별로 그 동안에 거래 내역과 영업 사원이 고객과 진행한 영업 활동을 파악하고, 이들 고객이 관심이 있는 제품을 안내할 수 있는 시스템을 마련하고자 한다. 이러한 영업의 요구사항을 IT부서에 전달하면 IT부서는 6개월에서 1년의 계획을 내고, 큰 예산을 요구한다.

그 내용을 살펴보면 일정이나 비용에 큰 영향을 미치는 부분이 몇 가지 보인다. 첫째는 장비의 확보이다. 보통 장비를 확보하기 위해서는 업체에게 견적서를 요청하고, 이들 장비에 대한 시험을 한 이후에 재무부서와 같이 공급 계약을 체결하여 발주한다. 업체는 이들 장비를 입고하여 들여오는데 이 기간이 보통 3개월 이상 걸린다. 비용도 만만치 않다. 소프트웨어 라이선스도 장비 입고만 없을 뿐이지 비슷하게 시간이 많이 걸리고 비용도 많이 든다.

두 번째로는 애플리케이션 개발이다. 소프트웨어 개발을 위해서는 사용자 요구사항을 매우 구체화 하고, 이에 대한 개발 규모를 산정하고, 이를 구현하기 위해서 내부 팀을 구성하고, 팀에서 개발 계획을 세우고, 결과물을 만드는데 보통 6개월 이상 소요된다. 개발 속도를 높이기 위해서 전문 업체에 외주를 주기도 하는데 이런 경우에도 개발 기간은 감소하지만 개발을 위한 업체 선정과 계약에 또 1, 2달의 시간이 걸려 결국 시간, 비용 효과는 크지 않다.

어떻게 하면 개발기간과 비용을 최소화 할 것인가? 특히 비용보다 기간을 줄일 수 있는 방법은 무엇인가? 그것이 클라우드가 제공하는 핵심 가치이다. 즉, 클라우드 사업자가 기업이 필요할 IT자원을 미리 확보해 놓고 또는 클라우드 사업자가 필요한 애플리케이션을 미리 개발해 놓고, 기업이 원하시는 시점에 거의 즉시 제공하는 방식이다. 내가 필요한 것을 일일이 확보하는 것이 아니라 외부 전문 업체인 클라우드 사업자에게 의뢰해서 필요한 IT자원을 확보하고, 사용한 만큼 비용만 낸다.

아마존 AWS를 통해 서버 수 십대를 확보하는 것은 거의 즉시 가능하다. 그 이후에 이 서버에 원하는 애플리케이션을 개발한다. 애플리케이션 개발도 단축하고 싶다면 AWS Market Place에 있는 여러 CRM 애플리케이션 중에서 기업의 요구사항에 가장 부합하는 애플리케이션을 고르기만 하면 바로 서비스가 가능하다. 만일 해당 기업 특유의 요구사항이 있다면 개발업체에 요청하여 수정하거나, 중요하지 않은 요구사항이라면 이 기능을 제외하면 바로 사용이 가능하다.

기업은 속도가 생명이다. 사업에 필요한 IT 시스템을 즉시 제공해야만 의미가 있고, 너무 늦게 제공된다면 그 효과는 미미하거나 없게 된다. 클라우드는 기업의 사업 대응 속도를 높인다.

클라우드의 안정적 서비스는 사업 유지에 필수적이다.

또 다른 클라우드의 가치는 클라우드 사업자를 통해 끊임없는 서비스를 제공하는 것이다. IT 시스템을 구축하고 개발이 되었다고 모든 문제가 끝나는 것이 아니다. 안정적인 서비스가 필요하다. 요즘 IT 시스템의 중단이 사업에 미치는 영향은 매우 심각하다. 지금 당장 사내 email 시스템이 동작되지 않는다면 직원들은 업무를 수행하지 못하는 상황이 발생한다. 고객센터 시스템이 동작하지 않는다면 고객센터는 열려 있지만 업무가 진행되지 않아 고객의 불만족만 커질 수밖에 없다.

게임, 온라인 쇼핑 같이 IT 서비스가 사업의 필수 요소인 기업에서는 서비스 중단은 곧 매출의 감소뿐만 아니라 기업과 서비스 신뢰도 추락이라는 치명적인 일이 발생한다. 빈번한 서비스 중단으로 사용자 이탈이 일어나면 기업은 사업 자체를 포기하는 상황으로 발전한다.

끊임없는 서비스를 제공하기 위해서는 누군가 24시간 서비스에 대한 모니터링을 통해 문제 발생 가능성을 미리 파악하고 예방하는 것은 물론이고, 설령 문제가 발생하더라도 신속히 해결할 수 있는 체계가 만들어져 있어야 한다. 서버 같은 물리적 장비에 문제가 발생했다면 신속히 예비 장비로 교체를 할 수 있지만 이보다 더 복잡한 기술적 문제가 발생하면 기업 내부의 기술 인력을 모두 동원하더라도 쉽게 해결되지 않는 경우도 발생한다. 이러한 이유로 분야별 최고의 IT 전문가를 보유한 클라우드 사업자에게 운영을 맡기는 것이 더 효과적이다.

과거 클라우드가 도입되던 초기에는 클라우드 사업자의 경험이 부족하여 많은 장애가 발생하고, 문제 발생 시 해결이 느린 적이 있었다. 그러나 클라우드 사업자가 오랜 동안 대규모 IT 시스템으로 사업을 해 오면서 경험과 기술이 쌓여 장애 빈도가 급격히 감소하였고, 문제가 발생하여도 해결 속도가 비약적으로 개선되었다. 이에 비해 기업 내부의 IT 조직의 발전은 상대적으로 느리다. 다양한 업무를 추진하다 보니 충분한 경험이 축적 되기 어렵고, 최신 기술을 파악하고 실제 시스템에 적용하기에는 인력이 부족한 상황이다. 이런 상황에서 복잡한 문제가 발생하면 이를 분석하고, 대책을 마련하고, 대책을 적용하는데 많은 시간과 노력이 소모된다.

이처럼 클라우드 사업자를 통해 안정적인 서비스를 제공 받고, 기업은 본업에 충실하여 결과적으로 사업적으로 큰 성공을 이룬 기업은 얼마든지 있다. 그 대표적인 기업이 넷플릭스(Netflix)이다. 넷플릭스는 AWS를 통해 IT자원을 공급받고 신속한 서비스 대응과 안정적인 서비스를 통해 주문형 비디오 시장에서 최고의 기업으로 성장하였다. 대부분의 성공한 모바일 게임 회사도 예외 없이 클라우드를 활용하여 급격한 수요 변화에 대응하고, 글로벌 서비스를 서비스 초기부터 제공하였다.

기업이 직접 서비스 운영을 할 수 있다. 그러나 끊임없이 안정적이고 고품질의 서비스를 제공하고 싶다면 IT 분야의 최고의 전문가를 보유한 클라우드 사업자에게 맡기는 것이 바람직하다.

클라우드로 얻는 비용 효율화는 재무성과에 직결된다.

IT자원을 사용한 만큼, 주문한 만큼만 비용을 낸다는 클라우드의 종량제 방식은 기업의 재무적인 측면에서도 커다란 의미가 있다. 과거 기업이 직접 보유하는 IT자원은 매년 사전에 예산 승인을 받는데 급격히 변화하는 사업 환경에서 거의 1년 전에 필요할 IT 예산을 산정한다는 것은 불가능에 가깝다. 또 이렇게 확보한 예산도 IT 수요가 발생하기 전에 미리 확보해야 하기 때문에 단기간에 대규모 투자가 이루어져야 한다. 이 모든 것이 기업 입장에서 재무적으로 부담이다. 또 다른 문제는 수명이 다하거나 필요 없어 진 유휴 IT자원은 정리되지 않으면 결국 기업의 재무적인 부담으로 남는다.

이러한 상황에서 클라우드를 통해 기업이 IT자원을 확보하기 위해서 발생하는 자본적 지출(CAPEX : Capital Expenditure)을 종량제를 통해 장기간에 분산해서 운영 지출(OPEX : Operating Expenditure)로 전환되는 것은 재무적으로 큰 도움이다. 또한, 기업 상황에 따라 필요 없게 된 IT자원은 즉시 반납하면, 이후 비용이 발생하지 않기 때문에 불필요한 IT 서비스가 종료되더라도 유휴 장비 문제를 쉽게 해결할 수 있다. 여기에 IT자원을 유지보수하기 위한 비용 절감까지 고려하면 기업 입장에서 재무적인 커다란 비용 효율화가 가능하다.

또 다른 측면의 비용 효율화는 효과적인 인력 활용으로 얻어진다. 예를 들어 IT 시스템 개발에 신규 채용으로 인력을 확보하여 개발하면 개발 과제가 종료된 이후에 다른 곳에 활용하지 못하면 커다란 비용 문제로 남는다. 이러한 문제를 방지하기 위해서 요즘은 주로 외주 활용을 선호하지만 이것도 해결책이 될 수 없다. 외주를 활용하면 일반적으로 내부 개발에 비해 개발 결과물의 품질이 떨어지고 개발 완료 이후 문제가 발생해도 자체 해결이 불가능하여 또 다시 유지보수를 위해 외주를 활용하는 악순환이 발생한다. 결국 비용 절감 효과도 크지 않게 된다.

따라서 클라우드 전환을 통해 SaaS 형태의 서비스로 전환하여 애플리케이션 개발 자체를 없애거나, PaaS나 IaaS를 통해 개발에 필요한 인력을 최소화 한다면 IT 시스템 개발에 들어가는 비용이 감소한다. 장기적으로 클라우드 도입으로 IT자원의 조달이 빨라지고, 표준화됨에 따라 지속적으로 시스템 개발에 들어가는 노력이 감소한다.

또 다른 비용 효율화는 운영 과정에서 만들어진다. 클라우드를 활용하면 24시간 모니터링 업무 같은 단순 운영업무가 없어져 운영에 들어가는 비용이 감소한다. 클라우드 사업자는 대규모 IT자원을 소수의 전문 인력으로 운영을 할 수 있기 때문에 단위 IT자원당 운영비용이 극히 낮다.

가끔 기업은 인력 효율화를 해고와 연결해서 생각하는 경향이 있다. 즉 인력 효율화를 통한 비용 절감이 일어나기 위해서는 반드시 인력 감축이 필요한 것으로 착각을 한다. 물론 개별 기업이 수행해 온 24시간 시스템 모니터링 업무나, 장비를 관리하는 업무를 클라우드 사업자가 맡게 되면 그 업무는 필요 없게 된다. 그렇다고 기업에 IT 인력이 없어도 되는 것은 아니다. 오히려 더 높은 수준의 업무를 요구한다.

그 동안 IT부서는 기업의 고유 사업을 IT 역량으로 지원하는 본연의 임무가 있었으나, 매번 당장 급한 시스템 개발과 운영에 투입되어 본연의 임무를 제대로 하지 못한 것이 사실이다. 따라서 IT부서는 클라우드 전환으로 단순 업무는 크게 줄이고, 이 자원을 사업에 직접 기여하도록 재배치해야 한다. 사업을 지원하기 위한 신규 시스템 개발뿐만 아니라 향후 장기 IT 전략을 수립하고, 추진하는 것이 필요하다. 더 나아가 최신 IT 기술을 기존 사업에 접목하기 위한 방안을 꾸준히 발굴해야 한다. 최근 Big Data로 불리는 것이 대표적인 사례이다.

Big Data의 활용 사례로 제조업 같은 경우, 공장에서 생산과정에서 발생한 데이터를 수집 분석하여 비용 절감 방법을 찾아내는 일에 활용한다. 만일 IT부서가 이런 일을 수행 한다면 IT부서의 새로운 가치가 발견되고, IT부서의 역할이 재평가 받을 것이다.

비슷한 예로 최근에 O2O라 불리는 Online과 Offline 통합에서도 IT부서의 참여가 기대된다. Offline 유통 회사에서 Online 유통 사업을 할 수 있는 방안과 해결책을 IT부서가 만들어 낼 수도 있다.

IT부서가 주어진 요구사항을 만족하는 수준의 업무가 아니라 능동적으로 IT 기술을 활용하여 사업에 기여하는 조직으로 변화되어야 한다. 클라우드 도입으로 기업의 재무적인 부담이 감소하고, 효율화된 IT자원은 기업의 미래 사업을 위해서 재투자되어야 한다.

결론적으로 클라우드의 도입으로 재무적인 효과가 발생하는 것은 분명하다. 그러나 많은 기업이 이 재무적인 효과를 단기적 ROI로 산출하려는 경향이 있다. 클라우드의 재무적인 성과는 단순하게 수식과 숫자로 표현될 수 있는 것이 아니고, 장기간에 걸쳐 기업이 얻을 수 있는 비용 절감 이상의 효과를 생각해야 한다. 단순히 ROI 공식으로 표현될 수 없는 조직의 역량, 사업의 기여도 같은 것을 클라우드 도입 효과로 고려해야 한다.

<관련 기사>
• 2015년 4월 20일, "염동훈 아마존 웹서비스 대표 클라우드 혁명, CEO들이 먼저 원한다",
매일경제, http://news.mk.co.kr/newsRead.php?year=2015&no=376813

기사 요약

아마존웹서비스(AWS) 대표는 "지금 모바일 클라우드 혁명기에는 기존 IT 조직에서 일하던 사람들의 역할 변화가 필요하다. 변화를 막을 수는 없을 것이다. CEO들이 더 빠른 결정을 내려야 한다"고 말했다. 과거 CTO나 CFO를 통해서 클라우드를 이해시키고, 클라우드 전환을 시도하였으나 기업 입장에서 클라우드를 도입하는 것이 기업 전체의 변화를 동반하기 때문에 CEO가 그 결정을 할 수 있다는 것이다.

클라우드 컴퓨팅은 새로운 표준(New Normal)이 되고 있다. 모든 기업이 꼭 사용해야 하는 기술 플랫폼이다. 그 정도까지 발전했다. 유통, 미디어, 패션 등 많은 회사들을 만나보면 그들이 모두 기술기업이 되길 원한다. 유통회사는 유통을 잘 아는 기술기업이 되길 원하고 미디어회사는 콘텐츠를 잘 만드는 기술기업이 되길 원한다며 이젠 모든 기업이 기술기업이라고 강조했다.

또, 클라우드 대표 사례로 삼성전자를 꼽았다. 삼성도 처음엔 데이터센터에 투자할지 고민했다. 하지만 아마존 클라우드를 사용해서 대규모 투자비용을 줄일 수 있었고 운영비용도 줄였다. 삼성이 원하는 데이터는 스스로 보유할 수 있도록 하이브리드 애플리케이션도 만들었다. 삼성처럼 많은 기업이 자신들이 잘하는 부분에 집중할 수 있도록 하는 것이 클라우드 서비스라고 말했다.

삼성TV 스마트허브 등 삼성전자 클라우드 서비스의 상당 부분을 아마존 AWS에 구축했다는 것이다. 기존의 자체 구축한 인프라는 비용도 많이 들어가고 운영하는데 어려움이 있었지만, 아마존 AWS를 도입하여 비용과 서비스 안정성을 높였다.

이번 장을 마치며 ☁

- 기업 경영에 모든 과정에 IT 기술이 활용되고 있어 지속적으로 IT에 대한 의존도가 커지고 있어 투자비와 운영비용이 급속히 증가하고 있다.
- IT에 들어가는 상당한 인력과 예산이 IT자원을 확보하고 운영하는데 쓰이고 있다. 따라서 기업의 핵심 역량이 IT가 아니라면 클라우드를 도입하여 과감하게 IT의 부담을 줄어야 한다.
- 클라우드 도입으로 구매 과정과 개발 과정을 단순화 하여 기존의 IT 서비스를 제공 받기에 걸리는 시간을 대폭 줄일 수 있고 이로 인해 기업의 사업 대응 속도를 크게 높일 수 있다.
- 클라우드 도입으로 전문화된 인력과 24시간 운영 체계를 통해 서비스의 안정성을 높일 수 있고, 이로 인해 안정적 사업 성장과 고객의 신뢰도를 높일 수 있다.

• 클라우드 도입으로 자본적 지출(CAPEX)을 운영 지출(OPEX)로 변환하여 재무 부담을 줄일 수 있고, 운영 업무 효율화를 통해 IT 고도화에 활용할 수 있는 인력을 확보한다.

Chapter 06

기업 클라우드의 오해

기업들이 클라우드의 장점을 이해하면서 클라우드로 전환을 검토하거나 과제를 추진하면서 그 과정에서 많은 반대를 만난다. 반대하는 의견을 분석해 보면 클라우드가 해당 기업 환경에 맞지 않다는 의견도 있고, 심한 경우 클라우드를 도입하면 사업적 리스크가 커져 절대 불가하다는 의견도 있다. 어렵다 힘들다 불가능하다 같은 단편적인 결론을 가진 보고들이 경영진에게 올라가면 의사 결정 과정에 어려움을 겪는 것은 물론이고 클라우드의 혜택에도 불구하고 관련 과제를 포기하는 사례를 본다. 그런데 이러한 내용들을 자세히 살펴보면 클라우드가 성숙되지 않은 시절에 있었던 일이 과장되어 표현된 것이거나, 클라우드에 대한 정확하지 않은 정보에서 오는 오해가 대부분이다. 따라서 이 장에서는 지금까지 알려진 클라우드 오해와 진실을 다루고자 한다.

오해 1:
클라우드는 보안이 취약하여 활용에 한계가 있다. ☁

클라우드를 도입하기 전에 거론되는 가장 대표적인 문제가 보안이다. 클라우드는 보안을 보장하지 못하기 때문에 중요하지 않은 데이터만 관리하는 시스템만 사용할 수 있다는 내용이다.

회사에서 만들어지는 많은 정보들 중에서 보안에 민감한 정보들이 있다. 경영정보나 개인정보 같은 부분은 잘못 관리되어 보안 사고가 발생하면 기업의 존폐에 큰 영향을 미치게 된다. 사실 기업이 관리하는 데이터 중에서 중요하지 않은 데이터는 없다. 따라서 조금 더 확대 해석하면 기업은 클라우드를 도입하면 안 된다는 이야기로 해석 될 수 있다.

클라우드 보안을 이야기하기 전에 먼저 기업의 IT 보안 활동을 이해하는 것이 필요하다. 기업의 보안 활동은 1) 물리적 보안, 2) 기술적 보안, 3) 운영적 보안, 그리고 4) 보안 프로세스로 나눌 수 있다. 물리적 보안은 허가받지 않은 사람들의 회사 출입을 막는 것, 보안 감시 카메라를 통해 사람이나 물건의 이동을 막는 것, 화재, 홍수 같은 자연재해나 도난에 대비하는 것 등이 있다.

기술적인 보안은 허가 받지 않은 기기에서 시스템에 접근하거나, 악의를 가지고 공격하는 사용자를 막기 위해 보안 기기나 SW를 설치 운영하는 것이다. 또 기술적으로 현재 관리 체계와 시스템의 문제는 있는지 지속적으로 파악하고, 이에 대한 예방책을 제시하고 실행을 한다. 이러한 기술적인 문제는 늘 새로운 보안 위협이 생기기 때문에 보안 패치처럼 지속적으로 공격 형태를 파악하고, 미비한 점을 보강하는 작업이 항상 병행되어야만 효과를 볼 수 있다.

운영적인 보안은 사람에 관한 일이다. 다른 사람을 따라 ID 카드 없이 통행하는 것을 적극적으로 제지하는 것, 개인의 계정과 패스워드를 절대 남에게 유출하지 않는 것, 보안 문제가 발생하면 담당자가 최선을 다해 문제 해결 때까지 모든 부서와 같이 노력하는 것은 물리적, 기술적 보안이 아무리 잘되어 있더라도 운영적인 보안이 이루어지지 않으면 보안 위협이 현실이 된다. 운영적 보안이 잘 이루어지기 위해서는 보안 담당자뿐만 아니라 직원들의 보안 의식과 회사에 대한 책임감이 있어야 가능하다. 운영적 보안의 핵심은 사람 자체이기 때문이다.

또한, 전체적으로 물리적 보안, 기술적 보안, 운영적 보안이 제대로 작동하기 위해서는 보안 프로세스가 만들어져 있어야 하고, 잘 지켜져야 한다. 즉, 아무리 좋은 장비와 기술을 도입하였더라도 규정에 따라 모든 보안활동이 이루어져야만 기업의 보안이 지켜질 수 있는 것이다. 누가 무슨 데이터를 생성하고, 어디에 무슨 데이터를 저장하고, 누가 이 데이터를 사용하고, 접근할 수 있는 권한은 누가 관리할 것인지, 기간이 종료된 또는 필요 없게 된 데이터는 언제 누가 폐기해야 하는지 체계를 잡아야 한다. 또 이러한 체계가 제대로 지켜지는지 감시하는 도구가 마련되어 있고, 감시자가 있어 위반 사항에 대해서 즉시 파악하고, 대책을 내릴 수 있어야 한다. 이러한 체계는 지속적으로 개선 보완을 통해 새로운 보안 위협에 대응하고, 내부 및 외부의 관련 사건, 사고에 대한 원인과 방지책을 지속적으로 적용해야 한다.

그러면 개별 기업의 보안 수준과 클라우드 사업자의 보안 수준을 비교해 보도록 하자. 물리적 보안을 비교해 보더라도 클라우드 사업자의 데이터센터는 장애, 재해, 보안을 위해서 건물 구조 자체가 특별하게 설계되어 있고, 최첨단 보안 장비들이 설치되어 있다. 어떤 개별 기업도 클라우드 사업자 수준의 물리적 보안에 투자한 경우를 본적이 없다. 기술적 보안과 운영적 보안 측면에서도 클라우드 사업자는 최신 기술을 보유하고 있고, 전문 엔지니어와 보안 요원을 통해 관리하고 있다. 지속적으로 보안 관련 기술을 개발하고 이를 적용하고 있다. 신문 기사를 통해 기업들의 보안 관련 장비 및 SW 투자가 매우 적다는 것은 이미 알려진 내용이고, 보안 전문 인력도 제대로 보유하지 못한 기업이 다수이다. 이 정도의 투자로 개별 기업이 클라우드 사업자가 가진 보안 수준을 확보한다는 것은 불가능하다.

이러한 내용을 기업의 IT 담당자가 잘 알고 있는데도 불구하고 기업이 클라우드를 도입하면서 보안을 가장 걱정하는 이유는 관리에 대한 주도권(Governance)이 이전되는 것에 대한 두려움으로 이해된다. 즉, 내가 관리하면 보안 문제는 내가 책임을 지는데 클라우드 사업자가 관리하면 보안 문제가 발생해도 내가 책임을 질 수 없다는 것이다. 클라우드 사업자의 보안을 기업 담당자가 못 믿겠다는 이야기이다. 물론 충분히 이해가 되기는 하나 맞는 이야기는 아닌 것 같다.

예를 들어 현금을 집에다 보관하는 것과 은행에 보관하는 것 중에 어느 것이 더 안전한 가를 생각해 보면 그 해답은 이미 정해져 있다. 은행에 보관하다가 화재가 발생할 수도 있고, 은행 강도의 침입을 받을 수 있고, 은행이 파산할 수도 있다. 심지어 은행 직원에게 사기를 당할 수도 있을 것이다. 그럼에도 불구하고, 사람들이 은행을 활용하는 것은 은행의 물리적인 보안, 기술적인 보안, 운영적인 보안이 내가 직접 관리하는 것 보다 안전하기 때문이다. 물론 은행을 믿지 못하고, 직접 집에 보관하는 사람도 있을 수 있지만 그것은 매우 소수에 편향된 생각을 가진 사람들이다.

사실 클라우드를 활용하면 인터넷 망에 장비가 연결되어 보안 위협이 커지는 것은 사실이다. 그래서 클라우드 사업자는 이러한 상황을 잘 알고 있기 때문에 최고의 기술과 고도의 장비를 가지고, 지속적으로 보안 투자를 하여 그 위협을 감소시키기 위해 많은 노력을 하고 있다. 오히려 최근의 보안 사고들을 자세히 살펴보면 사고의 원인이 클라우드로 인한 사고는 거의 찾아보기 힘들다.

외주 직원이 기업 전산실에 들어와 개인정보를 복사해서 가지고 나간 것 같은 경우는 클라우드를 도입하였다면 분명히 예방이 되었을 수 있었던 사건이다. 기업 내부 관리 직원의 ID와 패스워드가 노출되어 개인정보가 유출되었다면 이는 기업 내부 시스템을 사용하던지, 클라우드를 사용하였던지 문제가 발생할 수밖에 없던 건이다. 오히려 클라우드를 도입하였더라면 중요 데이터의 대량 복사를 사전에 감지하여 보안 사건을 사전에 예방이 가능했었을 것이다. 이들 사건에 보듯이 보안 문제는 주로 기업 내부의 문제에서 발생한다. 클라우드 전환을 하더라도 기업의 관리자가 제대로 관리하지 못하면 사건은 발생할 수밖에 없다. 결론적으로 보안 문제는 클라우드를 도입하거나 안 하거나 위협은 늘 존재하는 이슈이고 특별히 클라우드라고 그 위협이 커지지 않는다.

만일 정말로 클라우드가 보안의 문제점으로 인해 사고가 발생한다면 클라우드 사업자는 손해 배상 소송을 당하고, 급격히 기존 고객들이 이탈하게 될 것이다. 결과적으로 클라우드 사업자는 사업을 포기해야 하는 상황이 될 것이다. 그런 측면에서 보면 클라우드 전환으로 생기는 개별 기업의 보안 위협은 Amazon 또는 Microsoft가 보안 사건으로 인해 파산하는 가능성과 같다. Amazon, Microsoft가 파산의 위험을 안고 클라우드 사업을 하고 있다고 생각한다는 것은 무리한 상상이 아닐까 한다.

아무리 설명해도 도저히 클라우드 보안이 불안하다고 한다면 Hybrid Cloud 방식으로 IT 환경을 구축하는 것을 권고한다. 이 방법은 일부 민감한 데이터는 온프레미스 내부망에 두고, 클라우드의 효과를 볼 수 있는 시스템과 데이터는 공공용 클라우드를 사용하는 방식이다.

〈관련 기사〉
- 2014년 9월 12일, "클라우드가 PC보다 위험?…오해와 진실", 지디넷코리아〉
  http://www.zdnet.co.kr/news/news_view.asp?artice_
  id=20140911192312&type=det&re=

기사 요약

애플 아이클라우드를 통해 제니퍼 로렌스를 포함한 100여명의 여배우들의 누드사진, 동영상 등이 유출되면서 클라우드의 보안성을 걱정하지만 클라우드는 안전하지 않다는 것과 클라우드가 상대적으로 더 위험하다는 것은 다르다고 전문가들이 지적한다. 즉, 클라우드를 포함한 모든 IT 환경이 완벽한 보안이라는 것은 존재하지 않는다. 그렇다고, 클라우드가 기존의 IT 환경보다 더 위험하다는 생각은 잘못되었다는 것이 전문가의 의견이다.

국내 클라우드 보안 전문가들은 클라우드가 PC보다 보안성이 낮다는 것은 일반 사용자들의 오해에 가깝다고 밝혔다. 클라우드 산업이 가장 활성화되어 있는 미국에서는 사업자들이 정보보호관리체계(ISMS), 카드결제에 필요한 민간보안기술표준인 PCI-DSS 등에 더해 클라우드에 특화된 보안인증을 받고 있다. 미국연방준비제도(FED)가 부여하는 'FED RAMP'와 클라우드보안협회(CSA), 영국표준협회(BSI)가 공동으로 운영하는 'STAR' 인증 프로그램이 있다.

또한, 클라우드 서비스 사업자들이 운영하는 서버가 직접 뚫린 적은 거의 없다고 봐도 될 정도라며 그만큼 클라우드 사업자들이 보안에 신경을 쓰고 있다. 즉, 개인이 관리하는 PC와 소수의 보안 전문가를 보유하고 있는 기업 보다 클라우드 서비스가 보안에 안전하다는 의미이다. 사실, 클라우드 관련 보안 사고라고 보도되는 대부분의 사건은 클라우드 서비스 자체의 보안의 문제라기보다는 사용자가 아이디와 비밀번호를 제대로 관리하지 않아 생긴 사건들이 대부분이다.

클라우드는 기존의 IT 환경에 비해 대규모의 수준 높은 보안 전문가가 직접 관리한다는 측면에서 보안성이 높다고 볼 수 있지만, 보안 문제는 늘 새로운 공격 패턴이 만들어지고 이를 방어하기 위한 기술이 만들어지는 운영적인 측면이 있으므로 실시간 대응 체계가 무엇보다 중요하다.

오해 2 :
클라우드를 도입만 하면 비용은 무조건 감소한다. ☁

기업이 클라우드를 도입하면 비용이 감소할 것이라는 기대와 믿음을 가지고 클라우드 전환을 추진하지만 막상 클라우드 도입으로 인해 비용 절감 효과는 발생하지 않고, 오히려 비용이 증가하는 일이 발생하는 경우가 있다. 이런 일로 인해 클라우드 전환을 포기하는 경우를 보게 된다.

원칙적으로 기존의 시스템을 클라우드로 이전하면 운영비용이 감소한다. 그러나 이전 즉시 비용 절감 효과를 보기 위해서는 두 가지 조건이 만족되어야 한다. 첫 번째 클라우드로 이전하기 위한 작업 비용이 무시할 만큼 작아야 한다. 서비스나 애플리케이션의 수정 없이 단순히 IT 인프라만 이동하면 비용이 크게 발생하지 않지만, 상당한 규모의 애플리케이션 수정이 있으면 이것이 모두 비용이다.

애플리케이션 수정이 없더라도 그 동안 사용한 SW 패키지들이 클라우드 인프라로 이전이 가능한지 파악해야 한다. 일반적으로 하나의 시스템에는 Web Server, DBMS 같은 여러 SW 패키지를 활용하여 개발하기 때문에 먼저 이러한 SW 패키지가 클라우드 환경에서 동작되어야 하는데, 기술적인 이유나 라이선스 이슈로 SW 패키지를 다시 구매하거나 개발해야 한다면 추가 비용이 발생한다. 따라서 클라우드 이전을 위해서는 SW 패키지에 문제가 없는지 기존 애플리케이션의 수정이 얼마나 있어야 하는지 사전에 파악이 되어야 한다.

두 번째는 클라우드 환경으로 시스템이 이전한 이후에 과거 기존 시스템이 완벽히 종료가 되어야만 비용 절감 효과가 발생한다. 부분적인 전환으로 인해 동일한 기능의 기존 시스템과 클라우드 환경의 시스템이 두 개 운영된다면 운영비는 오히려 늘어나고, 업무는 더 복잡해진다. 따라서 클라우드 이전으로 인한 비용 절감 효과를 얻기 위해서는 클라우드 이전을 위한 설계와 계획 단계에서 기존 시스템의 처리 방향을 미리 정해야 한다. 신규 클라우드 기반 시스템을 개발하고, 개발된 시스템으로 데이터를 이관하여 과거 시스템의 종료 계획을 제대로 수립해야만 클라우드 전환이 성공적으로 완료되고, 그래야만 운영비용 절감이 이루어진다.

결과적으로 클라우드를 도입하면 즉시 비용이 절감되는 것이 아니라 클라우드 전환 시 오히려 추가 비용이 발생하고, 클라우드 전환을 성공적으로 해야만 비용 절감이 이루어진다. 따라서 1~2개 시스템을 클라우드 전환하여 단기적인 비용효과를 기대하는 것 보다 장기적인 비용 효율화 관점에서 클라우드 전환을 접근해야 한다.

오해 3:

클라우드 전환이 되면 IT 인력은 필요하지 않다. ☁

클라우드 전환에 성공하면 그 이후에는 IT 인력은 필요 없게 될 것이라고 기대하는 경우가 있다. 클라우드 전환이 되면 클라우드의 핵심 기능인 IT자원의 실시간 배치가 가능하고, 운영의 자동화가 가능해진다. 주어진 기준 이상으로 부하가 발생하면 추가 장비를 투입하는 것이라든지, 반대로 부하가 줄어들면 장비를 감소시켜 비용을 절약하는 것이 클라우드 사업자를 통해 이루어진다. 또한, 서비스가 제대로 운영되는지 모니터링하고, 문제점 해결을 클라우드 사업자가 하여 운영 인력의 업무가 줄어드는 것은 사실이다.

그러나 클라우드 전환을 통해서 단순 IT 운영 인력에 대한 수요는 분명히 줄지만 더 상위 업무인 관리업무는 더 늘어난다. 예를 들어 현재 서비스 상황과 사용량 추이를 분석하면서 서비스의 안정성을 높이고 비용을 최적화하는 방안을 마련하고, 클라우드 사업자와 협력하여 요구사항을 맞출 수있는 방안을 같이 찾아야 한다. 단순 운영 업무가 없어지더라도 IT 담당자는 항상 서비스 상황을 면밀히 검토하고, 개선할 점을 피드백하고, 클라우드 사업자의 실수나 문제점에 대해서 정확히 파악하고 해결책을 요구해야만 한다.

앞서 보안에서 이야기 한 것처럼 클라우드 전환 이후 클라우드 사업자로업무가 이관됨에 따라 IT부서는 업무에 대해서 통제력이 떨어져 서비스 품질을 제어하지 못하게 된다고 우려를 한다. 하지만 운영 품질에 대한 책임은 IT부서, IT 담당자가 반드시 가져가야 할 역할이고, 해야만 하는 일이다. IT부서가 운영 상황을 정확히 파악하지 못하고, 문제가 발생해도 클라우드 사업자에게 정확하게 문제 해결을 요청하지 못하고, 단순히 고압적인 자세로 나온다면 IT부서의 통제력이 떨어질 수밖에 없다. 클라우드는 아는 만큼 사용하고, 노력한 만큼 성과가 나온다. IT부서가 적극적으로 움직이면 이러한 문제는 발생하지 않는다.

결론적으로 클라우드 전환이 되면 단순 IT 인력은 줄어들지만 클라우드 관리 역량은 더욱더 필요해진다. 더욱이 클라우드 전환으로 IT부서는 새로운 역할을 부여 받는다. 미래의 IT 전략을 설계하고, 장기적인 IT 수요에 대한 대책을 세우는 일 같은 고급 업무에 대한 수요는 지속적으로 늘어난다.

이번 장을 마치며 ☁

- 시장에서 일부 IT 사업자들이 만든 클라우드에 대한 오해로 인해 클라우드 확산에 걸림돌로 작용하고 있다.
- 클라우드가 보안에 취약하다는 오해는 기존 IT 환경이 더 안전하다는 것을 부각하기 위해 만들어진 잘못된 정보이다. 모든 IT 환경에서 보안이 중요하며 클라우드 환경이 기존의 IT 환경보다 보안에 더 취약한 것은 아니다.
- 클라우드를 도입하면 바로 비용 절감이 된다는 것은 클라우드 효과를

과장해서 설명한 것으로 클라우드 도입으로 인한 비용 효과는 장기적이고 지속적으로 발생한다.

• 클라우드 도입 후 IT 인력이 줄 수 있다는 것은 단순 운영 인력을 의미한 것이다. 기업 경영에서 IT의 역할은 계속 중요해지기 때문에 IT부서의 위상과 인력은 강화되어야 한다.

Part 03

기업 클라우드로
전환

클라우드를 이해하고 클라우드 전환으로 기업이 얻게 될 혜택을 기대한다면 이제 본격적인 클라우드 전환을 시작해 보자. 7장에서는 기업에 맞는 클라우드 전략 수립 방안을 설명한다. 8장에서는 클라우드 애플리케이션 전환에 따르는 단계별 전환 계획을 설명하여 막연한 클라우드 전환을 구체적으로 추진할 수 있도록 한다. 9장에는 클라우드 전환 계획을 실행력 있게 추진하는 방안과 수행 과정에서 발생하는 문제점과 이들 문제점을 해결하기 위한 방안을 제시한다.

기업 클라우드 IT 전략

Chapter 07

기업 클라우드 전환 전략

지금까지 클라우드의 개념을 이해하였고, 기업 입장에서 클라우드를 도입해야 하는 이유와 도입을 해서 얻는 경영적인 성과에 대해서 다루었다. 또 그 과정에서 잘못 알려진 오해도 풀었다. 이제는 클라우드 전환을 시작해 보고자 한다.

먼저 클라우드 전략을 수립하는데 걸림돌이 되는 내부와 IT부서의 상황을 먼저 살펴보고 각 기업의 처한 상황과 역량에 맞는 클라우드 전략을 수립해 보고자 한다.

기업이 클라우드로 전환을 쉽게 결정 하지 못한다. ☁

클라우드로의 전환이 IT의 흐름이고, 클라우드 전환을 통해 기업이 얻는 이익이 큰데도 불구하고 기업들이 클라우드 전환을 쉽게 결정하지 못한다. 그래서 기업들이 클라우드로 전환 결정을 내리지 못하는 이유와 원인을 살펴보려고 한다. 그 이유를 알아야 앞으로 의사 결정을 받는데 도움이 된다.

경영진의 클라우드에 대한 이해가 부족

클라우드 전환을 착수한 기업을 살펴보면 처음에는 대부분 경영진의 지시로 시작된다. 클라우드로 전환하면 비용이 절약되고, 사업에 도움이 된다고 하니 검토해 보라는 지시를 받아 시작된다. 경영진의 클라우드에 대한 충분한 이해 없이 추진되는 클라우드 전환은 실무진의 소극적인 자세로 적극적인 추진이 어렵고, 설령 전환이 추진되더라도 원래 계획했던 목표를 달성하기 어렵다.

따라서 경영진은 클라우드의 기술적인 내용은 아니더라도 사업적, 경영 측면에서 클라우드의 개념, 효과, 업무 변화, 성과 관리 같은 내용을 이해해야 한다. 이들 내용이 이 책에서 다루어지고 있는 주제이므로 책의 내용만으로도 클라우드 개념과 전략을 이해하고, 실행계획에 대한 의사 결정과 지시가 가능하다.

기존 업무 방식을 바꾸지 않으려는 관성

클라우드가 도입이 되면 기존 시스템의 변화와 업무방식의 변화는 필연적이다. 클라우드가 도입되면 IT인프라 변화에 따른 기능 성능 테스트가 진행되고, 경우에 따라서는 개발을 통해 일부 시스템을 수정하여 클라우드에 적용하는 과정이 필요하다. 이와 병행해서 그 동안의 운영 업무에 사용되었던 계약 및 업무 매뉴얼 수정이 동반된다. 이런 복잡한 일을 자진해서 수행할 부서는 많지 않다. 지금 잘 지내고 있는데 굳이 어려운 일을 자진해서 시작해야 하는가라는 고민이 생긴다.

따라서 경영진이 클라우드 전환에 대한 확고한 의지를 보이고, 클라우드 전환을 통해 IT 부서의 업무가 고도화 되고, IT부서와 담당자가 그 혜택을 받는다는 것을 지속적으로 인식 시켜야 한다. 현업의 반대를 극복하지 않고는 클라우드 전환이 진행되기 어렵고, 진행되더라도 성공할 확률이 높지 않다.

클라우드 전환으로 관리 주체가 모호해짐

지금까지 IT 서비스의 문제가 생기면 고객부서는 IT부서에게 요청하고, IT부서는 관련 조치를 취하면서 문제를 해결하였다. 클라우드 전환이 이루어지면 IT 부서가 서비스에 문제가 생겨도 책임을 가지고 조치를 취하지 않을까 우려한다. IT부서는 클라우드 전환이 되었으니 담당자가 없다고 하거나, 모든 권한을 클라우드 사업자에게 넘겼으니 담당자가 할 수 있는 조치가 없다고 할 수 있다.

이렇게 된 클라우드 전환은 잘못된 것이다. 클라우드 전환이 되더라도 여전히 IT부서는 모든 서비스의 운영을 책임져야 한다. 또한 IT부서는 클라우드 사업자에게 모든 것을 맡기는 것이 아니라 실시간으로 서비스의 부하 상태, 장애상황, 사용량에 따른 비용 발생들을 지속 관리해야 하고, 고객부서에게 서비스 운영 상황을 파악할 수 있는 클라우드 관리 시스템을 제공해야 한다.

클라우드 도입 성과 측정에 어려움

클라우드 도입 이전에 IT 비용이 1년에 100억원이었다. 도입한 다음해의 IT 비용이 90억원이 되었다면 클라우드 도입으로 얻은 비용효과는 10억원인가? 그렇지 않다. 기업의 IT부서는 지속적으로 다양한 방법으로 비용 효율화를 수행하고 있어, 10억의 비용 절감이 지속적인 IT 원가의 하락인지, 직원들이 열심히 일해 얻은 결과인지 정말로 클라우드를 도입해서 얻은 효과인지 판단할 수 없다. 반대로 클라우드 도입 이후 IT 비용이 110억원이 되었다면 클라우드 도입이 실패한 것인가? 그렇지 않다. 늘어난 IT 비용은 급격한 인프라 수요 증가로 인한 것이 될 수도 있고, 새로운 애플리케이션이 추가되었거나, 새로운 기술 도입으로 비용이 증가할 수도 있다.

이처럼 클라우드의 도입 효과는 금액으로 측정하기 매우 어렵고, 특히 예전에 불안하게 자주 장애가 발생하던 시스템이 안정적으로 운영되게 된 것도 큰 성과인데 이러한 성과를 수치적으로 분석해 내기란 쉽지 않다. 따라서 클라우드 도입 이후에 예측되는 성과를 숫자를 가지고 재무부서나 경영진을 설득하는데 어려움이 있다.

이러한 점으로 볼 때 클라우드 전환에 대한 의사결정이 이루어지기 위해서는 경영진의 클라우드에 대한 정확한 이해를 통해 클라우드가 향후 IT의 미래라는 신념을 가져야 하고, 이에 대해 강력한 의지를 직원들에게 보여주어야 한다. 또한, 실무 부서가 기업의 미래를 준비한다는 자부심을 가지고, 새로운 업무에 도전하도록 격려하여야 한다. 그리고 이를 추진하는데 있어 단기적인 결과와 비용 성과보다는 장기적인 기업의 경쟁력 강화라는 측면에서 클라우드 전환을 추진해야 한다.

IT부서도 클라우드 전환을 꺼린다. ☁

기업 또는 고객 입장에서 클라우드 전환을 결정하지 못하는 이유들은 충분히 납득이 가겠지만, 클라우드 도입으로 실질적인 혜택을 보는 IT부서는 적극적으로 찬성할 것으로 흔히 생각한다. 그러나 많은 IT부서들이 기대와 다르게 클라우드 전환에 대해 소극적으로 대하는 것을 보면서 적잖이 실망을 한다. 그 이유를 살펴보면 아래와 같다.

기존의 시스템, 레거시(Legacy)

IT부서가 클라우드 전환을 꺼리는 가장 큰 원인은 레거시(Legacy)라고 불리는 현재의 시스템과 이에 대한 업무들이다. 모든 시스템은 시간이 지나면서 다양한 하드웨어, 여러 버전의 SW 플랫폼, 지속적으로 수정되면서 운영해 온 애플리케이션으로 인해 어떻게 손대지 못하는 레거시 시스템이 있고, 이들 시스템을 관리하는데 많은 시간과 비용을 소모하고 있다. 오래된 시스템일수록 그 프로젝트에 관여된 사람을 찾기 어렵고, 이미 너무 많은 변경이 이루어져 있고, 변경에 대한 기록도 남아 있지 않아 새로운 기능 추가를 위해서는 재개발 이외는 해결책이 없는 상황이다.

그런데 오히려 이런 시스템들이 대부분 기업의 중요한 데이터를 다루고 있고, 회사의 중요 업무 프로세스를 담당하고 있다. 따라서 담당자 입장에서는 문제가 발생되지 않기만 바라면서 하루하루를 운영하고 있다. 이런 시스템을 클라우드로 전환한다는 것은 거의 불가능한 일이다. 그렇다고 이렇게 중요한 시스템에 문제가 있다고 경영진에게 실토하는 것은 더더욱 어렵다. 따라서 IT부서는 기존 시스템은 클라우드 환경에 맞지 않아서 옮길 수 없다는 이유를 찾게 된다.

추가 인력, 예산 확보에 어려움

IT부서가 클라우드 전환에 소극적인 또 다른 이유는 재무적인 제약 사항 때문이다. IT부서의 비용은 지속적으로 비용 효율화의 압박을 받게 되어 가장 우선순위가 높은 일로 기존 시스템의 유지보수에 인력과 비용을 우선 배정한다. 이런 환경에서 인력이나 비용 문제를 해결해 주어야만 대규모 과제인 클라우드 IT 환경 구축에 나설 수 있다. 기본적으로 엔지니어는 새로운 기술에 관심이 많고 늘 도전적이다. 인력과 예산 때문에 기술적으로 의미 있는 일을 하지 못하게 막는 것은 바람직하지 않다. IT 인력과 예산에 우선순위 조정이 필요하다.

운영 업무와 개발 업무의 병행

또 다른 IT부서의 어려운 점은 운영 업무와 개발 업무를 같이 진행해야 한다는 점이다. 예를 들어 IT부서는 장애가 발생하면 모든 업무가 마비가 되고 이를 해결하기 위해서 모든 인력과 자원이 총동원된다. IT 인력은 보통 여러 가지 일을 중복해서 맡고 있는데 기존 시스템에 문제가 발생하면 진행하던 신규 프로젝트가 영향을 받는다. 이러한 상황에서 IT부서가 적극적으로 신규 프로젝트인 클라우드 전환에 많은 시간을 투자하기가 어렵다. 따라서 IT 인력에게 기존 시스템 운영 업무에 대한 부담을 해결해 줄 수 있는 방안이 마련되어야 한다. 클라우드의 혜택이 운영 부담을 줄이는 것인데 현재 시스템의 운영 부담 때문에 클라우드 전환을 하지 못하는 현실적인 딜레마가 발생하는 것이다.

기존 시스템에 대한 관리 부담, 인력과 예산의 부족, 과도한 업무로 인한 IT부서의 어려운 환경을 경영진이 이해해 주고 이에 대한 보안책을 제시해 주는 것이 필요하다. 그래야만 IT부서가 적극적으로 책임감을 가지고 클라우드 전환을 추진할 수 있을 것이다.

클라우드 전환에 대한 요구 사항 ☁

이러한 기업 내의 어려운 점을 극복해서라도 클라우드 전환은 기업의 성공을 위해서 꼭 필요한 일이다. 그 동안 기업이 불안정하고 비용이 많이 드는 기존의 IT 환경과 애플리케이션들로 인해 많은 어려움을 겪고 있었다는 점을 기억해야 한다. 따라서 기존의 IT 환경을 현대화하기 위한 변화가 필요한 시점이다.

모든 산업에서 IT가 중요한 역할을 하고 있다. 제조업도 IT 기술을 활용하여 수많은 데이터를 분석하여 상품을 기획하고, 제조하고 판매하는 것이 당연시 되고 있다. 유통업은 그 동안 오프라인 매장에 주력하였으나 IT 기술을 활용하여 온라인 매장을 만들어 매출을 높이기 위해 노력하고 있다. 이러한 상황에서 클라우드는 하나의 새로운 IT의 유행이 아니라 기존의 IT 환경을 현대화하는 작업이다. 공공용 클라우드, 사설용 클라우드, 혼합형 클라우드가 중요한 것이 아니라 어떻게 IT가 사업에 기여할 것인가가 중요한 것이다.

이러한 관점에서 클라우드 전환을 추진하면서 고려할 사항은 아래와 같다. 아마도 아래 질문에 답을 생각해 보면 대부분의 기업은 클라우드 전환, 즉 IT 현대화가 필요한 시점이 지금이라고 인식할 것이다.

사업적 관점

- 현재의 IT자원과 애플리케이션의 수준과 운영상황이 사업을 추진하는

데 있어 적합한가?

- 사업적 요구로 인해 시급히 개선되거나 새롭게 개발해야 할 애플리케이션이 있는가?

- IT부서가 현재 사업과 미래 사업에 기여하기 위해 타 조직과 협업을 강화해야 하는가? 협업이 가능한 인력은 있는가?

재무적 관점

- 장비의 구매, 데이터센터의 운영, 애플리케이션 개발, 장비 및 SW 운영 등 관련된 IT 비용이 분석되고, 이들 비용이 효율화되어 있는가?

- IT 서비스를 제공하기 위해 활용되는 내부 인력, 외주 개발 인력, 협력 업체에 지급되는 비용이 관리되고 있는가?

- 새로운 장비를 신규로 구매하고, 개선하고, 폐기하면서 발생하는 비용과 기존의 애플리케이션을 개발하고, 개선하고, 교체 하면서 발생하는 비용의 추이가 매년 분석되는가?

- IT 서비스를 제공하기 위해서 사용되는 장소 임대, 전력, 냉방, 보안 시설 등의 간접비용은 관리되고 있는가?

- IT 관련 비용과 이를 통해 얻어진 사업적 성과를 비교하여 투자 대비 효율성을 검증하는가?

기술적 관점

- 제공되는 IT 서비스의 성능, 가용성, 보안 수준이 요구하는 기준을 만

족하는가? 만족하지 못한다면 이를 해결하기 위한 방안이나 계획은 마련되어 있는가?

- IT부서 인력의 기술 수준과 운영 능력은 현재의 서비스를 개선하는데 충분한가?
- IT 서비스 개발과 운영, 특히 보안에 필요한 프로세스와 업무 매뉴얼이 만들어져 있고, 이에 따라 업무가 진행되고 관리 되는가?
- IT 운영에 필요한 업무를 효율화하기 위해서 외주를 활용하고 있는가?
- IT 부서가 기업의 미래를 위해 기술적으로 준비하는 것이 있는가?

위의 질문에 대해서 기대 이상의 결과를 내고 있는 IT부서는 많지 않을 것으로 생각된다. 또 그럴만한 이유도 충분히 가지고 있을 것이다. 그러나 IT부서가 수동적으로 일하는 시대는 끝났다. 지금 나열한 질문을 다시 생각해 보고 사업적, 재무적, 기술적 관점에서 기업의 IT 환경을 개선해야 할 수 있는 부분을 찾아야 한다. 지금까지 나열한 질문에 대한 많은 답은 클라우드 도입으로 해결할 수 있다.

클라우드를 도입하여 기업의 IT 환경을 현대화하기 위해서는 반드시 고려하고, 준비해야 할 부분은 아래와 같다.

자동화

클라우드 서비스가 제대로 동작하기 위해서는 자동화는 필수적이다. 필요한 시점에 바로 IT자원을 할당 받아야 하는데 수작업으로 한다면 실시간 온 디멘드 서비스는 불가능하다. 또 이러한 요청을 24시간 쉼 없이 제공해야 하는데 수작업으로 24시간 대응한다는 것은 대단히 어려운 일이고, 실수도 일어나기 쉽다. 클라우드는 자동화를 통해서 단순이 인력에 들어가는 비용을 줄인다는 의미가 아니다. 자동화를 통해 클라우드가 추구하는 신속한 자원 조달, 유연한 탄력성, 지속적인 관리가 가능하다.

모니터링과 관리

과거 기존의 IT 환경에서 모니터링과 관리는 문제가 발생한 이후에 이를 처리하는데 초점이 맞추어져 있다. 사실 이렇게 된 것도 자동화가 되어있지 않고, 인력을 써서 수작업으로 관리하기 때문이다. IT부서 담당자가 서비스가 정상 동작되는지 확인해 보고 별 문제없으면 그대로 둔다. 갑자기 문제가 발생하면 여러 저기 연락하고 해결책을 찾고, 해결책을 적용하면서 시간이 많이 소요되었다.

그러나 클라우드 환경에서는 사후 대책이 아니라 사전 예방을 위한 모니터링과 관리이다. 모니터링 툴로 여러 지표를 실시간으로 확인하고 있다가 정해진 정상 범위를 벗어나는 지표가 발생하면 자동으로 후속 조치를 취하는 관리 툴이 작동한다. 통상적인 운영은 자동화된 관리 툴로 해결하고, 툴로 해결하지 못하는 상황이면 IT부서와 인력이 개입한다. 모니터링과 관리 기능으로 기업은 서비스의 문제를 사전에 감지하고 예방 차원의 대응이 가능하다.

클라우드 관리 시스템

클라우드 서비스를 제공하기 위해서는 클라우드 관리 시스템이 필요하다. 클라우드 관리 시스템은 사용자에게 웹 기반의 포털을 제공해서 이를 통해 서비스 상황과 과금 상황, 주기적인 운영 보고와 사용자가 직접 IT자원을 관리할 수 있다. 따라서 클라우드 관리 시스템은 최소의 인원으로 대규모 IT자원을 관리할 수 있고, 운영 효율화를 이룰 수 있다.

클라우드 서비스를 제공하기 위해서는 클라우드 관리 시스템의 확보가 중요하다. 아마존이나 마이크로소프트 같은 대형 공공용 클라우드 사업자는 기술력과 개발 인력이 있어 자체적으로 클라우드 관리 시스템을 개발하여 사용한다. 그러나 소규모 사설용 클라우드 사업자의 경우, 그만한 투자가 어렵기 때문에 상용 SW 패키지나 오픈 소스를 도입하여 사용한다.

클라우드 보안

6장에서 설명한 것처럼 많은 사람이 클라우드가 보안에 취약하다고 잘못 생각하고 있다. 그러나 클라우드는 자동화되고, 실시간 모니터링과 관리를 통해 보안 측면에서도 기존의 IT 환경에 비해 더 철저한 보안 환경을 제공한다. 여기에 추가적으로 인프라, 플랫폼, 애플리케이션의 각 레벨에서 보안 강화를 위한 적절한 솔루션과 기술을 도입하여 클라우드 전환을 통해서 보안 수준을 최고 수준으로 높일 수 있도록 준비한다.

기업의 사업적, 재무적, 기술적 상황을 분석하고, 클라우드 환경을 구축하기에 필요한 요구사항을 검토해 보면 기업들이 선택해야 할 클라우드 전략이 대략적으로 정해진다. 사업에서 IT의 중요도와 클라우드 전환에 투자할 수 있는 예산, 그리고 보유한 IT 인력의 수준 등을 고려하여 기업에 적합한 클라우드 전략을 수립한다.

일반적으로 기업은 클라우드 전환을 추진할 때에 아래와 같은 전략을 선택한다.

- 비용 효율화 측면에서 가장 저렴한 가격인 공공용 클라우드를 선호하는 경향이 있으나, 기업 고유의 요구사항을 반영하고 기업 요구에 즉각 대응하면서 보안 측면에서 안정성이 높은 사설용 클라우드도 고려한다.
- 중소기업은 자체 IT자원을 보유하고 있지 않고, 인력 확보도 쉽지 않아 자체 클라우드를 구축하는 것보다 공공용 클라우드와 SaaS 형태의 클라우드 서비스를 선호한다.
- 대기업과 공공기관은 다양한 서비스를 지원하고, 운영하기 위해서는 고객사에 밀접하게 대응할 수 있는 사설용 클라우드를 선호한다. 이를 위해 기존의 IT 환경을 클라우드로 전환 하거나 별도의 사설용 클라우드 사업자를 확보하려고 한다. 또한 최근에는 다양한 IT 서비스 환경을 통합하는 혼합형 클라우드 환경으로 전환하려는 경향이 있다. 이를 위해서 혼합형 클라우드를 관리하고 운영하기 위한 혼합형 클라우드 관리 시스템을 개발하거나 도입을 추진하고 있다.

이러한 경향을 기반으로 구체적인 기업별 클라우드 전략을 다루고자 한다.

기업 규모에 따른 클라우드 전환 전략 ☁

클라우드 전환을 성공적으로 추진하기 위해서는 각 기업에 맞는 클라우드 전략이 수립되어야 한다. 각 기업의 사업 상황, 인력 규모, 조직 역량이 모두 다르기 때문에 표준화된 클라우드 전환 전략은 존재하지 않는다.

그러나 클라우드 전략을 수립하는데 있어서 가장 중요한 요소는 각 기업이 현재 운영하는 IT 인프라와 시스템의 상황이다. 예를 들어 현재 운영하는 서버의 대수, 사용하는 시스템의 개수와 이들 시스템의 복잡도 등이 중요한 요소이다.

그 다음으로 고민해야 할 것이 향후 IT에 대한 수요이다. 즉, 단기간에 급격히 수요가 증가할 것으로 예상된다면 현재규모 대비 2배 이상의 규모를 산정하는 것이 좋다. 이미 E-Commerce, Game, Social 서비스 같은 분야는 보통 매년 2배 이상의 IT 수요가 늘어난다는 것은 알려져 있다. 또, IT가 핵심 역량이 아닌 제조, 화학, 의료 분야의 IT 규모는 절대 규모는 크지 않지만, 매년 2배 이상으로 급격히 수요가 늘어나고 있다.

전통 기업에서 매출이 2배 늘지 않았는데 IT 비용이 2배 이상 늘어나는 것에 대해서 재무부서에서 불만을 갖는 경우를 보게 된다. 이것은 IT 기술의 흐름과 현대 기업의 경영 상황을 잘 파악하지 못해서 나오는 이야기이다. 기업을 운영하면서 필요한 업무들은 과거에는 수작업으로 하였지만 지금은 IT 시스템을 사용 하면서 얼마나 많은 인력이 감축되었는지 생각해 보면 알 수 있다.

소비자의 행동 방식도 변화가 있다. 과거 소비자가 상품에 대한 정보를 오프라인을 통해 주로 얻지만 요즘은 대부분의 소비자는 인터넷을 통해 정보를 얻고 심지어 구매까지 인터넷 상에서 이루어지는 것이 일상 생활이 되었다. 따라서 일부 산업분야를 제외하고 IT 수요는 급격히 증가하고 있고, 앞으로 이러한 추세는 계속될 것이다.

이렇게 기업의 인프라 현황 규모와 향후 수요를 예측한 이후에는 기업의 IT 역량을 고려해야 한다. 중소기업의 경우, IT 인프라의 수요도 크지 않고, IT 전담 인력을 가지고 있지 않고, IT 인프라 투자 여력이 없다. 따라서 최소의 운영비용으로 IT 시스템을 유지하려고 한다. 이러한 기업에는 공공용 클라우드 중심으로 인프라 전략을 가져가야 하고, SaaS 중심의 애플리케이션 전략을 가져가는 것이 좋다. 이러한 전략은 저비용으로 민첩하게 IT 수요에 대응하는데 적합하기 때문이다.

어느 정도 규모가 있는 IT 수요를 가진 중견 기업은 자체 IT 인프라와 내부에 운영 중심의 IT 전담 인력을 보유하고 있고, 지속적으로 IT에 대한 투자와 운영비용이 발생하고 있다. 이들 기업은 1차적으로 내부 IT 인프라는 사설용 클라우드로 전환을 추진하는 경향이 있다. 그러나 사설용 클라우드만으로 충분한 클라우드의 효과를 보는 데는 한계가 있어 공공용 클라우드를 결합하여 혼합형 클라우드로 전환을 추진한다. 애플리케이션 측면에서는 보통 오랜 동안 개선되지 않은 업무 시스템들이 사용되고 있는데 클라우드 전환을 통해 과감하게 SaaS 시스템의 비중을 높이는 것도 향후 IT 전략을 위해서 바람직하다.

이때 IT 조직과 전담 인력에 대한 고려가 반드시 필요하다. 자체 기술 역량이 낮은 상태에서 기업 내부에 사설용 클라우드 환경을 직접 구축하면 구축 과정에서 기술 부족으로 어려움을 겪는다. 설령 구축이 완료된다고 하더라도 사설용 클라우드 기능의 일부분만 활용하게 되어 공공용 클라우드를 그냥 사용하는 것보다 업무 효율성이나 비용에서 혜택이 크지 않는다. 따라서 단순히 매출 규모, IT 인력의 인원수보다 IT 조직의 기술 역량을 고려해야만 한다.

대규모 IT와 예산을 보유한 대기업은 혼합형 클라우드 전략을 수립해야 한다. 기업의 경영정보 및 개인정보 등 중요 정보를 다루는 시스템과 성능 저하로 업무에 영향이 큰 시스템은 사설용 클라우드 또는 온프레미스(on-premise) 인프라에 위치시킨다. 공공용 클라우드에는 대 고객을 위한 서비스를 배정한다. 이를 통해 중요한 정보와 중요 시스템에 대한 관리를 직접 수행하면서 대 고객 서비스의 수요 변화를 공공용 클라우드로 대응한다.

또한, 애플리케이션 전략은 SaaS 보다는 PaaS나 IaaS 중심으로 구성하여 직접 개발, 운영하면서 사업적 요구사항에 대해서 자체 개발력을 활용하여 신속히 대응한다. 이러한 전략은 내부 IT 개발자와 운영자의 역량과 인력 규모가 어느 정도 이상 확보되어야 가능한 전략이다.

위의 정리하면 아래와 같다.

- 현재 운영되고 있는 IT 환경의 2배 이상의 규모로 클라우드 IT 수요를 예측한다. 클라우드 환경은 사용한 만큼 비용을 지불하는 구조이므로 수요 산정을 한다고 투자나 비용이 즉시 집행되는 것은 아니다.
- IT 예산이 크지 않고, 전담 인력이 적은 소규모의 기업은 공공용 클라우드 환경에서 SaaS 중심의 클라우드 전략을 가져간다.
- IT 예산이 크고, 많은 기술 인력을 보유한 대형 기업은 혼합형(Hybrid) 클라우드 환경을 구축하고, PaaS 또는 IaaS 중심으로 클라우드 전략을 가져간다.
- 중형 기업은 기업 상황에 따라 중간 형태의 클라우드 전략을 채택한다.

시스템별 클라우드 전환 전략 ☁

클라우드 전환에 대한 방향성이 정해지면 이제는 구체적으로 이전할 시스템을 선정하고, 이전할 순서를 결정해야 한다. 원칙적으로 모든 시스템의 클라우드 전환은 가능하다. 그러나 전환으로 생기는 비용과 위험 요소는 최소화하고, 전환으로 얻는 효과는 극대화하는 시스템부터 전환을 추진한다. 클라우드 전환 과정에서 시스템의 전환 순서도 중요하다. 대부분 기업이 클라우드 전환 경험을 가지고 있지 않기 때문에 기업의 IT 역량에 맞도록 전환 순서를 정해야 한다.

클라우드로 전환하는 시스템은 다음과 같은 기준으로 선정된다. 먼저 IT

인프라 수요의 변동이 크고, 단기간 인프라 수요가 집중되는 시스템이다. 대 고객 사이트 같이 트래픽의 변화가 큰 시스템이나, 데이터 분석 시스템 같이 단기간에 집중적으로 인프라 수요가 필요한 시스템들이 해당된다.

이들 시스템은 클라우드 전환 이후 클라우드의 효과를 입증하기 쉽고, 클라우드 전환 효과를 즉시 볼 수 있기 때문에 경영진과 내부 직원들의 지지를 받기 쉽다. 따라서 이들 시스템의 클라우드 전환이 성공적으로 이루어지면 다른 분야로 클라우드 전환 과제를 확대하기 쉬워진다.

그 다음 고려할 부분은 시스템 교체가 임박한 시스템부터 전환을 추진한다. HW뿐만 아니라 SW도 사용 연한이 있고, 이러한 HW, SW를 조합하여 만든 기업의 IT 시스템들도 사용 연한이 있다. 특히, 시간이 지나면서 사업 환경과 기업의 구조가 변화하면서 일정 기간이 지나면 (보통 3년에서 5년 정도) 새로운 시스템에 대한 요구사항이 만들어지고, 이에 따라 새로운 시스템의 개발과 이와 병행하여 과거 시스템의 종료가 이루어진다. 따라서 IT 시스템 교체 시점에 자연스럽게 클라우드 도입을 추진하면 큰 부담 없이 과제를 추진할 수 있다.

클라우드 전환 순서는 업무 중요도가 낮은 것부터 시작한다. 일반적으로 업무 중요도가 높은 시스템은 전환 과정에서 많은 위험 부담이 있고, 이전 이후에 많은 업무 변화가 예상되므로 가능한 중요도가 낮은 것부터 시작하여 높은 것으로 확대해 나간다. 예를 들어 ERP, 그룹웨어 같은 시스템의 클라우드 전환을 우선 추진하면 기존 조직의 반발이 거세질 것이다. 이들 조직의 반발이 기술적인 변화에 대해서 거부를 하는 것이 아니라, 지금까지 잘 운영되고 있고 매우 중요한 시스템을 변경하는 것 자체에 대해 걱정을 하는 것이다. 이러한 시스템의 클라우드 전환을 무리하게 추진하면 시스템을 사용하는 조직들이 반발하고, 그러면 과제 진행 과정에서 사용 부서의 지원을 받지 못하여 클라우드 전환과제는 실패한다.

따라서 기업의 중요한 시스템은 가장 늦게, 사용 부서의 요구가 충분히 무르익을 때까지 시기를 늦추는 것이 현명하다. 예를 들어 SCM 시스템이 국내 직원이 쓰고 있다가 해외 사업이 활성화되어 해외 사용자가 증가하게 되면 글로벌 지원이 시스템의 중요한 요구사항이 된다. 이때 공공용 클라우드를 활용하여 글로벌 서비스를 제공하면 큰 어려움 없이 클라우드 환경으로 전환이 가능하다.

클라우드 전환 대상 시스템 선정에 있어 기술적인 부분도 검토가 필요하다. 기업 내부에 클라우드 관련 기술 역량이 확보되어있지 않은 상황에서는 기술적으로 난이도가 낮은 시스템부터 시작하여 점차 복잡한 시스템으로 확대하는 것이 바람직하다. 외부 시스템과 연동이 적고, 데이터의 구조가 간단하고, 데이터 양이 많지 않은 시스템이 기술적 난이도가 낮다. 이러한 관점에서 Sand Box라고 불리는 개발 부서의 IT 환경을 클라우드로 전환하는 것은 사업적인 영향도 크지 않고, 기술적으로도 매우 쉽게 시작할 수 있는 부분이라서 최우선으로 추진하는 것이 바람직하다.

요약하면 클라우드 전환 전략은 다음과 같다.
- 인프라 수요의 변동이 크고, 단기간 인프라 수요가 집중되는 시스템은

클라우드 전환 효과가 명확하고, 단기적으로 성과가 발생하므로 우선 추진한다.

- 시스템의 수명이 다한 시스템은 클라우드 환경에서 새로 개발하여 자연스럽게 클라우드 전환을 진행한다.
- 업무 중요도가 낮은 것부터 시작하여 점차적으로 중요도 높은 시스템을 수행하여 내부 직원의 업무 변화를 최소화 한다.
- 기술적 난이도가 낮은 시스템을 우선 클라우드 전환 하면서 기술과 경험을 쌓고, 그 이후에 점차적으로 난이도 높은 시스템을 진행한다.

IT 공급자 관점에서 클라우드 전환 전략 ☁

지금까지 사용자 관점에서 클라우드 전환 전략을 다루었다. 즉, 기존 IT 환경의 서비스를 클라우드 사업자가 제공하는 클라우드 환경으로 서비스를 이동하는 경우를 가정하고 이에 따르는 전략을 살펴보았다.

이번에는 IT 서비스를 공급하던 기업 입장에서 클라우드 전략을 다루고자 한다. 이런 기업이라면 기업에 IT 인프라를 공급하고, 애플리케이션을 개발하고, IT자원과 애플리케이션을 운영하는 기업이다. SI(System Integration) 업체로 분류되는 기업들이 대표적이다. 그 외에 자체 데이터센터를 구축하고 기업들을 대상으로 IT자원을 제공해 오던 호스팅 업체도 해당된다.

IT 공급자 관점에서 클라우드 전략은 무엇인가? 이들 업체의 공통점은 자기 소유이던 임대를 하였던 기존의 IT 인프라를 가지고 사업을 유지해 오고 있다는 점이다. 따라서 클라우드 전략은 기존의 IT 환경을 현대화하여 자체 클라우드 사업을 할 것인가, 아니면 타 사업자가 제공하는 공공용 클라우드, 사설용 클라우드를 활용하여 혼합형 클라우드 사업을 할 것인가로 고민이 모아진다.

직접 구축을 하게 된다면 특정 기업을 고객으로 유치하는 사설용 클라우드 사업자가 되거나, 일반인과 기업을 대상으로 하는 공공용 클라우드 사업자를 고려한다. 어떤 결정을 하더라도 기존의 IT 환경을 클라우드로 전환하기 위한 투자는 피하기 어려울 것이다. 기존 데이터센터를 가상화하고 자동화하기 위해서 기존의 환경에 대한 개선이 있어야 할 것이고 가상화와 자동화를 위한 시스템 구축작업도 추진되어야 한다. 그 과정에서 시간과 비용이 소요될 것이다.

자신의 인프라 없이 타 사업자의 클라우드 환경을 활용하여 클라우드 사업을 추진하기 위해서는 기존 사업자보다 우수한 품질의 서비스를 싼 가격에 제공하던지 남들이 제공하지 못하는 차별화된 서비스를 제공해야 한다.

이런 점을 고려할 때에 IT 공급자 관점에서 클라우드 사업자로 전환하려는 기업이 선택할 수 있는 옵션은 아래와 같다.

공공용 클라우드 서비스 구축

국내 기업 중 대형 IT 기업을 제외하고 아마존이나 마이크로소프트와 유사한 대규모 공공용 클라우드를 구축할 만한 기업은 많지 않을 것으로 생각된다. 이들 기업과 경쟁을 하기 위해서는 대규모 인프라와 대규모 사용자를 확보해야만 하는데 그러기에는 투자 규모가 너무 크기 때문이다. 따라서 틈새시장으로 중소기업을 상대로 자체 공공용 클라우드 서비스를 구축 서비스하는 것이다. 이 경우, 이미 이 전략을 추진하는 국내 대기업도 글로벌 공공용 클라우드 사업자와 경쟁하는데 많은 어려움을 겪고 있는 상황이다. 이 전략을 채택하려면 기존의 사업자와 차별화된 역량이 있어야 하고, 장기적인 투자 여력이 있어야 가능하다.

사설용 클라우드 서비스 구축

사설용 클라우드를 선호하는 중요한 고객 기업이 확보되어 있다면 가장 바람직한 전략이라고 본다. 고객 기업의 지원을 받아 기존 IT 환경을 클라우드로 전환하고, 고객 기업을 대상으로 클라우드 서비스를 제공하는 사업이다. 이를 위해서는 기존의 IT 환경을 클라우드로 전환하기 위한 개발과 구축이 이루어지고, 클라우드 환경에 맞는 운영 업무도 고도화해야 한다. 결과적으로 기업의 입장에서는 기존의 IT 기업에서 클라우드 기업으로 전환을 하는 것이다.

가상 사설용 클라우드 구축

기업은 자체 클라우드 환경을 구축하지 않고 공공용 클라우드 서비스가 제공하는 IT 인프라를 임대하여 클라우드 관리 시스템을 개발, 구축하여 가상 사설용 클라우드 서비스를 기업에 제공하는 것이다. 이 경우, 고객의 고유 요구사항을 수용할 수 있는 사설용 클라우드의 장점은 가지게 되지만 아직까지 보편적인 모델이 아니라서 사업적으로 검증이 부족한 상황이다. 따라서 고객 유치가 쉽지 않을 것 같다. 기업의 입장에서는 사설용 클라우드를 직접 구축하는 것에 대한 리스크를 줄이기 위한 보안책이라 볼 수 있다.

매니지드(Managed) 클라우드 서비스 제공

기업은 자체 IT 능력이 부족한 고객사를 대상으로 타 사업자가 제공하는 공공용 클라우드를 사용하여 기업이 원하는 서비스를 제공하는 사업이다. 기업은 고객사에게 클라우드 인프라로 전환할 수 있도록 컨설팅, 개발, 운영을 제공한다. 클라우드가 초기 단계인 현재 시점에서 클라우드 역량이 부족한 고객 기업에게는 상당히 매력적인 사업이 될 수 있다.

그러나 고객사의 클라우드 역량이 점점 높아지면 매니지드 사업의 가치가 떨어질 것으로 예상된다. 따라서 매니지드 사업을 추구하는 기업은 경쟁 클라우드 사업자가 제공하는 서비스보다 우수한 서비스를 지속적으로 발굴하고 IaaS뿐만 아니라 SaaS 영역까지 다양한 솔루션을 확보해야 할 것이다.

혼합형 클라우드 서비스 제공

혼합형 클라우드는 온프레미스뿐만 아니라 공공용 클라우드, 사설용 클라우드를 혼합한 클라우드 서비스이다. 앞으로 클라우드 사용자의 요구사항이 다양해지면서 이를 수용하기 위해서는 결국 모든 기업은 혼합형 클라우드로 가게 될 것이라는 것이 필자의 생각이다. 앞서 다양한 클라우드 공급 모델을 설명하였지만 결국 혼합형 클라우드가 표준 모델로 자리 잡을 것이다. 이런 측면에서 혼합형 클라우드 사업자를 표방하는 클라우드 컴퓨팅 서비스 중개업(CSB : Cloud Computing Service Brokerage)이 만들어지고 있다. 이들 사업의 핵심은 다양한 IT 환경을 통합하여 자원을 공급하는 프로비저닝, 실시간 서비스 상황을 통합 감시하는 모니터링, 여러 IT 사업자를 통합한 빌링 등 통합된 클라우드 환경을 고객사에 제공하는 것이다. 이를 위해서는 혼합형 클라우드 서비스 플랫폼이 구축되어야 한다. 아직 기술적으로나 사업적으로 보편화된 사업 분야가 아니라서 앞으로 많은 기업의 도전이 있을 것이다.

기업들은 나열한 전략 중에서 하나 이상의 전략을 선택하고 이를 추진해야 할 것으로 생각된다. 혹은 클라우드로 전환하지 않고 지금 상태로 있는 것도 하나의 옵션이 아니냐고 이야기 할 수 있다. 물론 가능한 방법이지만 지금 사업이, 또 지금 고객이 변함없이 유지된다는 것을 스스로 장담하지는 못할 것이다. 다시 이야기 하지만 클라우드가 새로운 유행이 아니라 IT 현대화의 다른 이름이기 때문이다. 또 IT 환경은 클라우드라는 이름이 되건 다른 이름이 되던 계속 진화를 할 것이다. 이런 상황에서 지금 사업 모델에 안주하겠다는 것은 너무 위험한 생각이 아닌가 한다.

클라우드 전략 승인 받기 ☁

IT부서에서 고민해서 만든 클라우드 전략을 승인 받기 위해서는 의사 결정자를 설득하는 일과 관련 부서를 설득하는 일이 필요하다. 그 중에서도 의사 결정을 책임지는 경영진을 설득하는 것이 가장 중요하다. 혁신적인 변화를 싫어하고, 새로운 투자에 인색한 기업일수록 클라우드 전환에 대한 기업 내부의 반대는 클 수밖에 없다. 따라서 중요 경영진을 설득해서 의사 결정을 받아야만 클라우드 전략 추진이 용이해진다.

경영진 보고와 의사결정 요청을 준비하면서 아래 관점에서 준비를 한다.

- **클라우드에 대한 견해**

    누가 클라우드에 대한 강한 신념이 있고, 누가 반대를 하는가, 클라우드 전환을 적극적으로 지원하는 임원이 있는가? 만일 각 경영진의 관심 사항이 다르다면 별도 보고를 통해 승인을 받는 것도 효과적이다. 예를 들어, CFO는 비용 절감에 대해서 긍정적이고, CIO는 업무 부담으로 인해 반대한다면 한 번에 보고하는 자리를 마련하지 말고 별도의 보고를 진행하고 또 별도의 설득 논리를 마련한다. 이미 앞에서 사업적, 재무적, 기술적으로 각기 다른 관점에서 클라우드의 혜택을 설명했으니 이를 활용한다.

• 예산 확보 방안

대부분의 기업들이 비용 절감 차원에서 클라우드를 검토하는 것이 일반적인 시작이다. 그런데 클라우드 전환을 한다면서 추가 예산을 요청하면 경영진은 난색을 표한다. 비용을 줄이겠다면서 예산을 추가 요청하는 것이 말이 안 된다는 의미다. 기존의 예산 내에서 추진할 방법이 있는지, 만일 추가 예산이 필요하다면 이번에 들어간 비용이 앞으로 일정 기간 내에 회수가 된다는 점을 설득 할 수 있도록 논리를 만들어야 한다. 비용과 투자 회수 관점에서 경영진 설득이 어렵다면 앞서 설명한 IT부서의 민첩성 개선이라든지, 혁신 기술 도입이 용이하다든지, 핵심역량에 집중 같은 기업 클라우드의 근본적인 장점을 가지고 경영진을 설득한다.

클라우드 전략 수립과 실행에 내부의 참여와 지지를 받아야 한다. 클라우드 전략 수립을 외주 업체에 일임하여 진행하거나 일부 IT부서 인력만 참여하여 추진하면, 해당 기업 상황에 맞지 않고 실행 불가능한 계획이 수립된다. 경영진뿐만 아니라 전략을 실행하는 IT부서, 예산을 담당하는 재무부서 또 시스템을 사용하게 되는 기업 내부 조직원의 관심과 참여가 필요하다. 왜냐면 클라우드 전환이 기업의 업무 환경을 바꾸는 일이기 때문이다. 내부의 지지를 받기 위해서는 아래와 같은 준비가 필요하다.

- 정보 공유로 신뢰 관계 구축

    클라우드 전환 과제를 진행하다 보면 관련 부서의 협조를 얻어내야 할 상황과 과제 진행이 어려운 상황을 겪게 된다. 이런 때에 과제를 추진하는 부서와 현업간의 신뢰 관계가 있어야 진행 과정에서 어려움도 해결 할 수 있고, 전환 이후에 일부 업무 혼란도 잘 넘어 갈 수 있다. 클라우드에 대한 불필요한 오해는 적극적으로 해명하고, 클라우드를 통해 현업이 얻을 수 있는 혜택을 충분히 설명하고, 과제 진행 상황에 대해 주기적인 미팅을 통해서 충분한 공유가 필요하다.

- 주도권 상실에 대한 우려 해결

    많은 부서들이 클라우드 도입으로 인해 업무의 주도권이 상실 될 것이라 우려한다. 클라우드 도입으로 인해 앞으로 IT부서가 현업의 요구사항을 묵살할 것이라는 우려도 있고, 회사의 IT자원을 클라우드 사업자가 관리하게 되어 IT부서가 업무에 무책임해질까 우려한다. 이러한 현업들의 우려에 대해서 클라우드 전환이 되더라도 클라우드 사업자가 주도권을 갖는 것이 아니라 IT부서가 동일하게 모든 업무에 대한 책임과 주도권을 가지고 있다는 점을 적극 설득해야 한다.

기타 클라우드 전략 수립 시 고려사항 ☁️

앞서 이야기한 클라우드 전환을 위한 전략 수립을 하면서 중요한 방향은 정해질 수 있지만, 그 외에도 고려할 점이 많다. 가능한 사전에 많은 요소를 생각해야 클라우드 전략 추진이 순조롭게 이루어진다.

클라우드 전환 이후 기존 시스템에 대한 대책을 같이 세워야 한다. 새로운 클라우드 시스템을 구축하면 기존 시스템은 폐기되어야 한다. 그러나 과거 시스템의 데이터가 새로운 클라우드 시스템으로 이전 되지 않거나, 과거 시스템이 연동되는 다른 시스템이 수정 되지 않아 과거 시스템이 계속 유지되는 경우가 발생한다. 이런 일이 발생하면, 클라우드 전환이 오히려 추가로 새로운 시스템을 만들게 되어 결국 시스템만 복잡해지고 운영비용도 증가한다. 클라우드 계획 수립 과정에서 이런 일이 발생하면 대부분의 기업들은 클라우드 전환을 포기한다. 이를 방지하기 위해서는 클라우드 전략 수립 시 기존 시스템의 처리 대책도 함께 세워야 한다.

단기적인 비용 절감 목표 보다 장기적인 성과 목표를 세워야 한다. 클라우드 전환이 기업의 사업 대응 속도를 높이고, 핵심 사업에 집중하기 위한 것이 가장 중요하다. 비용 절감은 부수적인 효과이다. 그런데 단기적인 비용 절감을 목표로 전략을 세우면 핵심 성과를 놓치게 된다. IT 예산의 과다한 삭감으로 새로운 기술 도입이 위축될 수 있으며, IT부서 인력 감축을 요구하여 핵심인력의 동요가 있으면 안 된다.

마지막으로 클라우드 전환 전략을 세우면서 반드시 기억할 부분은 클라우드는 계속해서 변화하고 발전한다는 점이다. 클라우드 사업자도 새로운 기술과 서비스를 발표하고, 기업의 사업 환경과 시스템 상황도 매일 같이 변화된다. 따라서 완벽한 최선의 클라우드 전략이라는 것은 존재하지 않는다. 한번 만들어 놓은 클라우드 전략을 그대로 두지 말고 주기적으로 사업적 상황과 기술적 상황에 따라 클라우드 전략을 지속적으로 수정해 나가는 것이 중요하다.

⟨관련 기사⟩
- 2015년 8월 28일, "한국은 클라우드 후진국? ⋯ 효과 인정하지만 도입은 망설여", 디지털데일리, http://www.ddaily.co.kr/news/article.html?no=134081

기사 요약

클라우드가 기업의 IT 전략의 핵심으로 변화하고 있지만 국내 기업 중에서 클라우드 전략을 세워놓고 이를 적극적으로 추진하는 기업이 거의 없다는 조사가 나왔다. 그러나 다행인 점은 기업이 클라우드를 통해 매출 증가와 비용절감 같은 재무적 측면에서 도움이 될 것을 인지하고 있어 향후 도입 가능성은 크다고 볼 수 있다.

시장조사업체인 IDC가 발표한 클라우드 보고서에 따르면, 세계 17개국에서 클라우드를 구축한 주요 기업 3400여 곳을 대상으로 실시한 이번 조사에서 전 세계 기업의 53%는 클라우드가 향후 2년 내 매출 증대에 도움이 될 것으로 보고 있는 것으로 나타났다. 그러나 최적화된 클라우드 전략을 갖추고 있는 기업은 단 1%에 불과했으며, 32%는 아예 클라우드 전략을 구축하지 못한 것으로 나타났다.

한국 기업 중 클라우드가 매출에 도움이 될 것이라 응답한 기업은 59%로 세계 응답률에 비해 다소 높았으나, 최적화된 전략을 갖춘 기업은 전무했으며(0%), 39%는 클라우드 전략 자체가 전무한 것으로 조사됐다.

이번 조사 결과에서 IDC는 클라우드 이해와 운영 현황 조사를 통해 클라우드 성숙도를 ▲초기(Ad Hoc) ▲기회(Opportunistic) ▲반복(Repeatable) ▲관리(Managed) ▲최적화(Optimized)에 이르는 총 5단계로 분류하고, 국가별, 산업별 성숙도를 수치화했다.

국가별로는 반복, 관리, 최적화 등 성숙 단계에 도달한 기업의 비중을 보면 미국(34%)과 중남미(29%), 영국(27%)의 클라우드 성숙도가 높은 것으로 나타났으며, 일본은 최하위로 9%에 불과했다. 한국 역시 18%로 세계 평균인 25%보다 낮았다.

전세계 산업별 조사 결과를 보면, 클라우드 도입율이 가장 높은 산업은 제조업(33%)으로 나타났으며, IT(30%), 금융(29%), 의료산업(28%)이 그 뒤를 이었다. 반면 클라우드 도입률이 가장 낮은 산업은 정부/교육(22%), 전문 서비스(22%), 도소매(20%) 등으로 나타났다. 전문 서비스, 기술, 운송, 통신, 공공산업 부분은 전반적으로 클라우드 도입이 핵심성과지표(KPI)에 가장 큰 영향을 미치는 것으로 나타났다.

클라우드 도입 형태에 대한 질문에는 우리나라는 물론 세계적으로도 사설용 클라우드를 선호하는 것으로 나타났으며, 그 이유로는 보안에 대한 우려가 큰 것으로 조사됐다.

클라우드를 도입했거나 도입할 계획인 기업 중 사설용 클라우드 선호 비율은 44%로, 공공용 클라우드 응답률(37%)보다 높았다. 국내 기업 역시 사설용 클라우드 선호도가 40%로, 공공용 클라우드(37%)를 다소 앞섰다.

사설용 클라우드는 ▲리소스 사용 개선 ▲규모 확장 ▲요청 응답시간 단축은 물론, ▲기업이 단독 사용할 수 있는 전용 리소스를 확보하기 위한 정책 제어와 보안 기능을 지원한다.

혼합형 클라우드에 대한 관심도 증가하고 있다. 전 세계 기업의 64%, 국내 기업 중에서는 62%가 공공용과 사설용 클라우드를 넘나드는 혼합형 클라우드를 선호하는 것으로 나타났다.

한편, 이번 조사에서 세계에서 클라우드를 도입한 기업들은 구축 애플리케이션 1개당, 도입 이전 대비 매출은 평균 21억원 증대한 반면, 비용은 16억원 절감하는 실질적인 효과를 거둔 것으로 나타났다. 또한 기업에 최적화된 클라우드 전략을 갖춘 기업들은 클라우드 도입 정착 과정에서 ▲매출 10.4% 성장 ▲IT 비용 77% 절감 ▲IT 서비스 및 애플리케이션 운용 시간 99% 감소 ▲IT부서의 SLA(Service Level Agreements) 충족 능력 72% 향상 ▲IT 예산의 전략적 할당 능력 2배 증가 등 다방면에서 가시적인 효과를 거둔 것으로 밝혀졌다.

이번 장을 마치며 ☁

- 클라우드가 주는 가치에도 불구하고 클라우드 전환 결정이 어려운 이유는 경영진의 클라우드에 대한 피상적인 이해, 기존 부서들이 업무 방식을 바꾸지 않으려는 관성이 크다. 또 다른 이유로는 클라우드 전환 이후에 업무 관리가 잘 안될까 걱정하고, 클라우드 전환 효과가 나지 않을까 두려워하기 때문이다.

- IT부서는 클라우드의 직접적인 혜택을 보는데도 불구하고 기존의 업무와 예산과 인력 확보의 어려움과 업무량이 급증할까 두려워 클라우드 전환을 꺼린다.

- 클라우드 전환은 기업의 사업적, 재무적, 기술적 상황과 역량에 맞는 전략을 선택해야 한다.

- IT 예산이 크지 않고, 전담 인력이 적은 소규모의 기업은 공공용 클라우드 환경에서 SaaS 중심의 클라우드 전략을 가져간다.

- IT 예산이 크고, 많은 기술 인력을 보유한 대형기업은 혼합형(Hybrid) 클라우드 환경에서 PaaS 또는 IaaS 중심으로 클라우드 전략을 가져간다.

- 인프라 수요의 변동이 크고, 단기간 인프라 수요가 집중되는 시스템은 클라우드 전환 효과가 명확하고, 단기적으로 성과가 발생하므로 우선 추진한다.

- 시스템의 수명이 다한 시스템은 클라우드 환경에서 새로 개발하여 자연스럽게 클라우드 전환을 진행한다.

- 업무 중요도가 낮은 것부터 시작하여 점차적으로 중요도 높은 시스템을 수행하여 내부 직원의 업무 변화를 최소화 한다.
- 기술적 난이도가 낮은 시스템을 우선 클라우드 전환 하면서 기술과 경험을 쌓고, 그 이후에 점차적으로 난이도 높은 시스템을 진행하다.
- 클라우드 공급자로서 전략은 공공용, 사설용 클라우드 사업을 하는 방법과 가상 사설용 클라우드, 매니지드 클라우드, 혼합형 클라우드 사업자로 전환 하는 방법이 있다. 기업이 처한 상황과 역량을 고려하여 전략을 선택한다.
- 클라우드 전환 의사 결정을 받기 위해서는 경영진에게 충분한 논리와 예산 확보 방안을 마련하여 보고한다.
- IT부서는 고객부서들과 신뢰 관계 구축을 통해 클라우드 전환에 따른 우려를 해결해야 한다.

기업 클라우드로 전환 계획

어렵고 힘든 과정을 거쳐 클라우드 전환에 대한 전략 승인이 되었다면 이제 실행을 위한 계획을 수립해야 한다. 모든 일이 계획을 잘 세워야 기대했던 목적을 달성하고, 주먹구구로 일을 진행하면 일정도 늦어지고 목적했던 결과도 얻지 못한다. 기업의 IT 시스템을 클라우드로 전환하는 것이 보통 큰 일이 아니기 때문에 철저하고, 세밀한 클라우드 전환 계획이 필요하다.

이번 장에서는 기업 클라우드로 애플리케이션을 전환하는 과정에 대해서 다루고자 한다. 기존에 사용하던 기업용 애플리케이션을 클라우드 환경으로 전환하는 과정을 설명하고자 한다. 클라우드로 애플리케이션 전환을 이야기하기 전에 현재 집에서 새로운 집으로 이사를 간다고 가정하자. 이사 계획을 세울 때에 1) 제일 먼저 이사 갈 집의 환경과 앞으로 생활을 그려보고, 2) 이사 가기 전에 지금 집에 무슨 물건이 있는지 파악을 하고, 3)

새집의 배치도를 그린 후에 버릴 것과 가져 갈 것, 새로 살 것을 정하고 4) 사기로 한 물건은 사고, 5) 이전할 물건은 옮기고, 6) 최종적으로 새로운 집에서 모든 것이 제대로 동작하는지 확인하고 이사를 마무리 한다.

클라우드 전환도 같은 과정을 거친다. 1) 목표설정, 2) 현행화, 3) To-BE 모델 아키텍처 설계, 4) 신규 시스템 개발 및 구매, 5) 시스템 이전 6) 검증 및 개선의 단계를 거치면서 클라우드 전환이 이루어진다. 아래에 각 단계에 대해서 설명한다.

1단계 목표 설정 ☁

제일 먼저 해야 할 일은 클라우드 전환의 목표는 무엇이고, 이 목표를 달성하기 위한 구체적인 요구사항을 정해야 한다. 명확한 과제 목표는 진행 과정에서 의사 결정의 판단 기준이 되고, 과제가 완료되었을 때에 과제 성공 여부를 평가하는 기준이 된다. 투입 자원의 규모를 결정할 때도 목표에 따라 결정 되므로 명확한 목표 설정이 있어야 한다. 설정된 목표는 의사 결정자와 관련 부서와 공유하고 합의하여 적극적으로 전환 작업을 지원하는 분위기를 조성한다.

클라우드 전환의 목표는 기업의 사업적인 목표와 요구사항과 IT부서의 개발 관점의 목표와 요구사항으로 나누어진다.

사업적 관점에서 목표와 요구사항

- 클라우드 전환이 IT 기술의 흐름이고 사업을 지속적으로 추진하기 위해 필수적인 과제로 경영진과 조직원이 인식한다.

- 클라우드 전환의 목표로 성능 개선, 비용 절감, 서비스 안정성 개선, 개발 속도 개선 등으로 나누고 구체적인 숫자로 목표를 정하고, 여러 목표가 있다면 우선순위를 정한다.

- 클라우드 전환의 내부 목표로 IT 조직의 역할 개선과 기술 역량 강화 등을 정한다.

- 클라우드 전환 과정에서 준수해야 할 법률 규제를 조사하고, 반드시 포함시켜야 할 개인정보보호 관련 요구사항도 확인하고 반영한다.

- 기존 IT 시스템 구축과 운영에 관련된 계약 또는 협력 업체와의 관계에 문제가 없는지 검토하고, 문제점을 사전에 해결한다.

개발 관점에서 목표와 요구사항

- 클라우드 전환 과정에서 애플리케이션을 설계, 개발하고, 운영할 수 있는 능력을 확보한다.

- 기존 애플리케이션의 수정 또는 재개발을 위한 기술을 확보한다.

- 전체 애플리케이션을 포괄하는 클라우드 아키텍처를 만들고 유지 관리한다.

- 클라우드 전환에 따르는 변화 관리를 위한 개발 방법론, 프로세스나 도구를 확보한다.

- 클라우드 전환에 필요한 인력과 예산을 확보하고 적절한 개발 기간을 가져간다.

2단계 현행화(Actualization)

이번에는 기업이 가진 IT 자산을 확인하는 단계이다. 서버 몇 대 같은 인프라의 규모뿐만 아니라 어느 인프라에 어떤 애플리케이션이 설치 운영되는지 파악되어야 한다. 또, 각 애플리케이션의 SW 구조까지 조사되어야 한다. 이를 위해서는 개발 당시 요구사항, 개발 설계문서, 소스 코드를 포함한 산출물도 같이 확보되어야 한다.

그러나 불행하게도 현행화는 시간이 많이 걸리고 어려운 것이 현실이다. 대부분 기업이 산출물을 정리 보관하지 않고, 또 있더라도 지속적인 갱신을 하지 않아 자료가 없거나 있더라도 이미 현재 상태와 맞지 않은 내용들이다. 따라서 현행화를 하다 보면 없는 문서를 만드는데 시간이 많이 걸리고, 심지어 현재 시스템의 실제 구현된 결과물을 가지고 설계도를 만드는 역 엔지니어링(Reverse Engineering) 작업을 하는 경우도 발생한다.

어떤 상황이라도 내부 자산이 확인되지 않은 상태에서 클라우드 전환은 매우 위험한 작업이다. 오히려 클라우드 전환을 계기로 기존 시스템에 대한 설계 문서를 만든다면 앞으로 클라우드 전환뿐만 아니라 시스템의 대한 개선 작업이 쉬워지므로 이 작업은 힘들더라도 꼭 하기를 권유한다.

기업이 가진 애플리케이션을 파악해 보면 아래의 4가지로 나눌 수 있다.

상용 프로그램

벤더를 통해 구매해 사용하는 프로그램이다. 이들 프로그램들을 클라우드 환경으로 이동을 하려면 경우에 따라 일부 환경 설정을 수정하거나 라이선스 문제가 발생할 수 있다. 즉, 특정 서버 환경에서만 동작하도록 되어 있으면 클라우드 전환 이후 달라진 인프라 환경으로 인해 동작되지 않을 수 있다. 따라서 벤더와 상의해서 클라우드 환경으로 이동이 가능한지, 이동에 따른 기술지원이 가능한지, 추가 부담이 있는지 확인해야 한다.

오픈 소스 프로그램

누구나 설치해서 사용이 가능한 프로그램이다. 오픈 소스 프로그램은 라이선스의 문제가 없기 때문에 클라우드 전환에는 문제가 없으나 클라우드 전환 과정에서 기술적 문제가 있을 경우, 기술 지원을 받는데 어려움이 있다. 최근에 오픈 소스만 전문적으로 기술 지원하는 회사들도 있으므로 이들 회사의 도움을 받는 것도 가능하다.

개발 프로그램

기업의 용도에 맞게 개발된 프로그램이다. 대부분의 대기업은 자신의 요구사항에 맞추어 자체 개발한 프로그램을 사용한다. 소위 이야기하는 SI로 개발된 프로그램이다. 이들 프로그램에는 상용 프로그램도 포함되어있고,

오픈 소스 프로그램도 포함되어 있다. 클라우드 전환을 하는데 이들 프로그램으로 가장 큰 어려움을 겪는다. 그 이유는 표준화된 개발이 이루어지지 않아 수행 환경을 수정할 수 없고 개발 이후 시간이 경과하여 참여한 개발자를 찾기도 어려워 사실상 유지 보수가 어렵기 때문이다. 따라서 클라우드 전환을 하려면 상당 부분을 재개발하던지, 아니면 신규로 개발해야 한다.

클라우드 전용 프로그램

클라우드 환경을 고려하여 개발된 프로그램이다. 부하에 따라 인프라 자원을 늘리거나 줄일 수 있고, 자동화된 운영을 위한 API를 제공하여 운영 툴을 통한 모니터링과 관리가 가능한 프로그램이다. 앞서 설명한 프로그램들을 클라우드 환경으로 이전하는 것이 쉽지 않다면 클라우드 전용 프로그램으로 재개발하거나 클라우드 전용 프로그램으로 개발된 애플리케이션을 도입하는 것을 검토해야 한다.

DBMS 같은 SW 패키지의 현행화도 필요하다. 그 동안 애플리케이션을 개발하면서 많은 SW 패키지를 구매하고 업그레이드 해 왔다. 이들 SW 패키지는 클라우드 이전을 하면서 같이 이전되어야 한다. 다행이 클라우드 환경으로 SW 패키지를 복사할 수 있다면 문제가 없지만 어떤 SW 패키지는 복사가 불가능하여 새로 라이선스를 구매하는 경우가 발생한다. 이렇게라도 이전이 되면 다행이지만 이미 단종된 SW 패키지나 version이 상이한 경우에는 클라우드 전환을 포기하거나 애플리케이션을 새로 개발해야 한다.

SW 라이선스의 이전에 대해서 대부분의 SW 벤더들은 매출이 늘지 않기 때문에 거부한다. 그러나 클라우드 이전을 통해 앞으로 지속적으로 서비스가 활성화 되고 추가적인 IT 투자가 일어난다는 것을 벤더에게 설득하면 일정 부분 혜택은 받을 수 있을 것이다. 사실 이러한 설득은 사설용 클라우드로 이전에는 가능하지만 공공용 클라우드로 전환하는 경우에는 앞으로 SW의 투자가 크게 늘어나지 않을 것으로 예상하여 벤더들이 소극적으로 나오는 경향이 있다.

SW 라이선스 문제가 내재되어 있는 시스템은 클라우드 전환을 하지 않더라도 향후 대책을 세워야 한다. 사업적으로 중요한 시스템이 이러한 구조적 문제가 있다면 예상치 않은 상황에서 큰 피해가 발생할 수 있다. 예를 들어 라이선스 이전이 되지 않은 SW 패키지를 포함한 애플리케이션이 설치되어 있는 HW장비가 고장이 나면, 새로운 장비로 SW 패키지가 이전 되지 않아 새로 애플리케이션이 개발 될 때까지 서비스가 중단되는 엄청난 사태가 일어날 수 있다. 따라서 SW 패키지 문제로 클라우드 전환이 불가능한 시스템이라면 지금이라도 이 시스템을 유지보수가 가능하고 업그레이드가 가능한 시스템으로 개선하기를 권고한다.

데이터에 대한 현행화도 중요하다. 기업이 저장하고, 관리하는 데이터의 상당 부분이 활용 목적이 명확하지 않은 상태에서 저장, 관리되는 것들이 대부분이다. 즉, 언젠간 필요할 거라는 생각으로 저장해 놓은 데이터이다.

데이터 저장도 돈이다. 데이터를 저장하는데 드는 인프라 비용뿐만 아니라 이들 데이터를 관리하는 것도 비용이기 때문에 데이터 수집과 저장에 대한 목적을 명확히 해야 하고, 목적이 명확하지 않은 데이터는 즉시 삭제해야 한다.

특히 과거 개인정보에 대한 법률이 만들어지기 전에 수집되어왔던 정보들은 면밀히 검토를 해야 한다. 현재 시점에서 볼 때 불법으로 저장된 데이터는 신속히 삭제해야 하고, 사업상 필요한 개인정보의 경우, 사용자 동의 같은 합법적인 절차를 통해 데이터를 수집, 저장 관리해야 한다.

현행화를 하면서 확인해야 할 사안은 아래와 같다.

- 각 시스템이나 서비스를 얼마나 많은 사용자가 얼마나 자주 사용하는지, 또 이들 시스템이 사업적으로 또는 업무 관점에서 중요도는 얼마나 되는지?
- 이들 시스템이 지속적으로 새로운 기능이 추가되는지, 개발된 이후에 별다른 개선 없이 그대로 사용하는지, 또는 기능이 노후화되어 폐기 계획이 있는지?
- 이들 시스템을 개발할 때에 만들어진 설계 문서, 소스 코드, 개발 완료 보고서가 있는지, 없다면 이들 문서를 어떻게 확보할 것인지?
- 이들 시스템이 운영되는데 필요한 OS나 DBMS 같은 SW 패키지는 그대로 활용할 수 있는지, 아니면 새로 구매가 되어야 하는지, 라이선스만 변경하면 되는지?

- 각 시스템들 간의 연동 관계가 있는지 이에 대한 아키텍처 문서와 API가 정의되어 있는지, 또 설계 문서가 있는지?
- 각 시스템에서 만들어지거나 보관하는 데이터가 사업적으로나 개인정보 관련 법적 규제를 준수하는지?
- 애플리케이션의 장애나 고장으로 서비스가 제공되지 않았을 때에 사업적 영향은 얼마나 치명적인가?
- 애플리케이션의 성능 저하가 발생하면 직원들의 업무 생산성과 고객들의 만족도에 어떠한 영향이 있는가?

이러한 기준으로 다음과 같은 판단을 할 수 있다.

- 클라우드로 우선 이전해야 할 애플리케이션이 무엇이고, 당분간 클라우드 이전 없이 기존의 IT 환경에서 서비스해야 할 애플리케이션을 결정한다.
- 클라우드 전환을 하기로 한 애플리케이션 중에서 공공용 클라우드에 구축되어야 할 애플리케이션과 사설용 클라우드에 설치할 애플리케이션을 결정한다.
- 이전을 결정한 애플리케이션들의 이전에 필요한 비용과 시간을 예상해 보고 이에 따라 업무 우선순위를 정한다.
- 클라우드 이전 결정에 따라 설계하고, 계획하고, 실행을 할 인력 규모를 산정하고, 인력 확보 계획을 수립한다.
- 위의 계획이 기업의 경영 계획과 재무 계획과 맞아야 하므로 이들 부서

와 클라우드 전환 계획에 대해 일정과 예산이 적절한지 협의를 진행한다.

이러한 현행화 과정을 거치면서 현재 시스템의 문제점도 자연스럽게 도출되고, 클라우드 전환을 통해 보완해야 할 부분도 명확해진다.

〈관련 기사〉
- 2014년 4월 30일, "클라우드 전환…SW 가격정책 혼란 여전", 디지털타임즈, http://www.dt.co.kr/contents.html?article_no=2014050102011060718002

기사 요약

기업의 IT 환경이 클라우드로 빠르게 바뀌고 있으나, 소프트웨어업체들의 가격정책은 여전히 혼란에 빠져있다. 클라우드 이전에는 SW 비용은 서버 대당 또는 코어 당 사용수가 정해지는데 클라우드 환경에서는 가상 서버(VM) 개념이 되기 때문에 기존의 방식으로 SW 가격 정책을 세우는데 어려움이 있다. 이와 별도로 모바일 개인용 기기로 인해 SW를 사용하는 디바이스가 크게 늘어나게 되어 과거의 SW 가격 정책에 변화가 필요한 시점이다.

이러한 상황에서 절대적인 강자인 글로벌 SW 기업들이 각자의 이익을 극대화하기 위한 방법으로 가격 정책을 강요하고 있어 국내 업체들의 어려움이 발생하는 상황이다. 앞으로 클라우드 환경이 일반화될 것을 고려할 때에 이에 맞는 SW 가격 정책뿐만 아니라 유지보수 정책을 만들어 국내 기업이 글로벌 SW 기업과 협상력을 높일 수 있도록 지원해야 한다.

3단계 To-BE 모델 아키텍처 설계 ☁️

클라우드 전환 이후의 설계도 To-BE 모델 아키텍처를 만들어야 한다. 현행화한 현재의 구조를 가지고, 어느 부분은 그대로 가고, 어느 부분은 클라우드 전환을 하면서 시스템을 새로 만들고, 어느 시스템은 버릴 것인지 정하여 새롭게 전체 아키텍처를 만드는 과정이다. 아키텍처는 전체 시스템을 통합된 관점으로 표현한 것이다. 전체 아키텍처를 만들면서 이전되었을 때의 인프라의 구조 및 SW 구조를 설계해야 한다. 특히 세밀하게 설계할 부분은 각 시스템과의 연관 관계는 어떻게 되는지, 중복 기능은 없는지를 검토해야 한다.

이러한 작업을 통해 클라우드 전환 이후에 최적의 상태로 시스템 통합이 되어야 성능뿐만 아니라 비용 측면에서 목표했던 성과를 달성할 수 있다. 앞서 예를 든 것처럼 이사 전에 불필요한 물건은 버리고, 필요한 물건은 이전한 이후에 잘 배치해야만 새로운 집에서 생활이 편리해지기 때문이다.

To-BE 모델을 설계하면서 몇 가지 설계 원칙을 세울 수 있다.

효율적인 자원 활용과 확장성

클라우드 기술을 활용하여 변화하는 수요에 대응하고, 주어진 장비의 활용률을 높여 인프라 환경을 최적으로 사용한다. 또한, 급격히 증가하는 부하에 대응하도록 적정 용량을 초과하는 경우, 자동적으로 추가 자원이 투입되도록 설계되어야 한다.

재해 복구(DR：Disaster Recovery)와 고가용성(HA：High Availability)

장애가 발생된 이후에도 서비스 중단 없이 또는 가능한 짧은 중단 시간 내에 시스템을 복구할 수 있도록 시스템을 설계하고, 구축하는 것을 재해 복구라 한다. 장애를 예방하는 조금 더 강력한 대책으로 장비가 운영 불가능한 상황이 되더라도 여유 장비로 서비스 중단 없이 계속 운영되도록 시스템을 설계하고 구축하는 것을 고가용성이라 한다.

이를 위해서는 서버 이중화, 스토리지 이중화, 네트워크 이중화를 해야 하는데 같은 기능을 수행하는 2개의 시스템을 구성하여 하나의 시스템이 장애가 발생하면 다른 시스템으로 서비스 이전을 한다. 이중화 구성을 하면 시스템의 안정성은 크게 개선되지만 운영비용은 크게 증가한다. 따라서 시스템의 중요도에 따라 선별적으로 이중화를 한다. 이와 별도로 데이터의 손실이 발생할 때에 원본 데이터가 복원될 수 있도록 복사본을 준비하는 백업(backup) 기능은 반드시 준비해야 한다.

개발 및 운영의 편의성

IT 역량이 높은 기업들은 개발과 운영의 편의성을 높이기 위해서 표준 개발 Framework을 가지고 있다. 표준 개발 Framework은 개발도구, 개발 언어, 빌드 자동화 도구, 형상관리 도구, 테스트 도구, DBMS 등 개발 과정에 필요한 공통 요소 기술과 자동화된 개발방법론이다. 이러한 표준 개발 Framework을 도입하면 다양한 장점이 있다. 보통 이러한 표준 개발 Framework을 레고 방식의 개발이라고 부르는데 레고를 비유하여 설명하겠다.

- **개발 생산성**: 새로운 애플리케이션을 개발할 때에 공통 요소 기술을 활용하여 빠른 시스템 개발이 가능하다. 또한 표준화된 개발 방법을 제공하여 개발자의 능력 차이에 영향 없이 높은 품질의 평준화된 개발 결과물을 만들 수 있다. SW 개발을 레고 방식의 블록 조합으로 만들 수 있다.

- **확장성**: 새로운 기술이 도입되면 Framework에 포함시켜 모든 개발자들이 활용할 수 있게 되며, 새로운 요구사항에 따른 기능 추가나 변경에도 유연하게 대처가 가능하다. 새로운 레고 블록이 도입되면 모든 개발자가 이를 활용한 다양한 모형을 만들 수 있다.

- **성능**: 각 시스템들이 공통의 요소 기능을 사용하고 있어 하나의 요소 기능의 최적화가 모든 시스템에 영향을 미친다. 따라서 일부 핵심 요소의 성능 개선만으로도 전체 시스템의 성능 개선 효과를 가져 올 수 있다. 하나의 레고 블록이 개선이 되면 이 블록을 사용한 모든 모형이 영향을 받는다.

- **운영의 편리**: 설계도가 있고, 각 컴포넌트 간의 구조가 명확해짐에 따라 시스템의 문제점 파악이 용이해지고, 성능 향상과 기능 추가가 쉬워져 운영 및 유지보수 비용이 절약된다. 표준화된 레고 블록으로 인해 조립과정에서 문제점을 쉽게 찾고 해결할 수 있다.

To-BE 모델에 따라 개발 시간과 비용, 사용자의 영향을 고려한 기존 애플리케이션의 전환 방법은 4가지가 있다. 어떤 애플리케이션은 기업에서 기간계 시스템이라고 불리는 매주 중요한 시스템이라서 장기간 비용을 들여서라도 재개발하여 클라우드 전환을 추진해야 한다. 반면에 비교적 간단한 애플리케이션은 포팅(porting)이라 불리는 일부 수정을 통해 전환을 하거나, 기존의 애플리케이션을 없애고 클라우드 사업자가 제공하는 SaaS 방식으로 전환할 수 있다. 애플리케이션 전환 방식과 장단점은 아래와 같다.

포팅(Porting)

애플리케이션을 클라우드에 포팅 한다는 것은 기존 인프라에 있는 애플리케이션을 복사해서 클라우드 환경에 재설치 하는 것이다. 이들 애플리케이션이 클라우드 환경을 고려하여 만들어지지 않았지만 독립적으로 동작하는 애플리케이션이라면 가상머신 환경에서도 비교적 잘 동작한다. 물론 일부 세팅하고 테스트하는 것은 필요하다. 이렇게 설치한 이후에도 애플리케이션은 수정 없이 동작되지만 클라우드의 특성인 확장 가능하고, 자동화된 운영은 제공되지 않는다.

재구조화(Refactoring)

재구조화는 일반적으로 포팅과 유사하지만 애플리케이션을 구성하는 요소들을 개선하여 클라우드의 혜택을 누리도록 수정하는 방법이다. 즉, 단순히 재설치를 하는 것이 아니라 IT자원을 접근하는 인프라 부분과 DBMS 같은 SW 공동 요소인 플랫폼의 인터페이스(interface)를 수정하여 애플리케이션은 수정하지 않지만 일부 클라우드의 기능을 사용할 수 있게 한다.

재개발(Redevelopment)

기존의 애플리케이션을 버리고, 클라우드 환경에 맞게 다시 개발하는 것이다. 재개발은 기존의 애플리케이션이 너무 오래되어 신규 개발이 필요하게 되었거나, 지금 운영되는 애플리케이션의 품질이 나빠 도저히 유지보수가 어렵다고 판단될 때에 시행한다. 재개발을 통해 클라우드의 기능인 갑작스러운 부하 변화에 유연하게 대응하고, 장애 환경에서도 안정적인 서비스를 제공한다. 재개발 애플리케이션은 클라우드의 특성을 고려하여 최고의 성능을 낼 수 있도록 설계 단계부터 고려하여 개발을 진행한다.

전환(Replace)

기존의 애플리케이션을 포기하고 SaaS 사업자가 제공하는 애플리케이션을 사용하는 방법이다. 이 방법은 가장 빠르고 효과적으로 클라우드로 전환하는 방법이다. 일반적으로 SaaS 애플리케이션들은 Email이나 Office처럼 규격화되어 있고, 기업 간 요구사항이 크게 다르지 않다. 각 기업의 특수한 애플리케이션은 SaaS로 제공되지 않을뿐더러 SaaS 전환 이후에 기업의 요구사항에 맞추어 수정이 되지 않기 때문에 적절한 방법이 아니다.

전환 이후에 운영을 생각해 보면 포팅, 재구조화, 재개발, 전환 어떠한 방법을 택하더라도 운영에 들어가는 노력과 비용은 줄어들게 된다. IaaS를 도입하면 IT자원의 확보와 관리가 줄어들고, PaaS를 도입하면 업데이트나 장애 대응 등에 필요한 노력이 추가로 감소한다. 또한 대부분의 업무가 자동화되기 때문에 단순 수작업 업무는 급격히 감소한다. 단지, 전환하는 과정에서 많은 어려움이 예상되는데 이 과정을 잘 넘기면 운영이 더 쉬워진다는 것을 늘 기억하도록 한다. 또한 클라우드 전환 과정을 거치면서 인력들의 클라우드 역량과 기술 수준이 높아짐에 따라 점차 전환 속도가 증가한다. 또 한층 더 높은 수준의 업무를 수행할 수 있게 되어 업무 고도화가 이루어져 직원들의 만족도도 높아진다.

4단계 신규 시스템의 개발 또는 구매

현재 시스템을 분석하고, To-BE 아키텍처 모델을 설계해 보면 더 이상 유지하기 어려운 시스템이 나온다. 시스템 개발 당시 요구사항이 현재 시점에 보면 맞지 않아 사용이 불편하고, 개선 요구사항이 누적된 시스템이나, 개발 품질이 현저하게 떨어져 도저히 유지 보수를 할 수 없는 시스템들이다. 이런 시스템은 이전 하는 것 보다 신규 개발 또는 상용 소프트웨어를 구매하는 것이 더 유리하다.

대부분의 IT 시스템의 경우, 오픈 이후 3년 정도가 지나면 사업 환경, 회사 상황이 변화되어 기술적으로나 운영상의 문제가 없더라도 새로운 시스템에 대한 요구사항이 발생한다. 많은 기업들이 새로운 요구사항이 발생할 때마다 기존의 시스템을 임시로 개선하여 운영해 오면서 많은 문제점이 누적되어 오는 것을 흔히 본다. 클라우드 전환에 따라 과감하게 이러한 시스템들을 재설계하고, 재개발하는 것을 긍정적으로 검토해 보는 것이 필요하다.

신규 시스템 개발에 있어 요즘은 오픈 소스의 활용이 보편화 되었다. 오픈 소스는 (자세한 권한과 책임을 이야기 하면 복잡하지만) 간단히 설명하면 라이선스를 구매하지 않고 누구나 쓸 수 있는 SW이다. 오픈 소스는 수많은 개발자가 자진해서 참여하여 새로운 기능을 구현하고, 문제점을 스스로 해결하면서 점점 완성도를 높여가는 SW이다.

과거에는 오픈 소스에 대한 반감이 있었지만 요즘은 거의 모든 개발 과제에서 오픈 소스를 최대한 활용한다. OS로 Linux, CentOS, DBMS엔진으로는 MySQL, Cubrid, MariaDB 등이 있고, Hadoop, OpenStack도 잘 알려진 오픈소스이다. 오픈 소스의 장점은 라이선스와 유지 보수 비용이 없고 최신 기술을 적용한 오픈 소스들이 계속해서 만들어지고 있다는 점이다.

반면에 단점으로는 내부 SW 기술 역량이 확보되어있지 않다면 오픈 소스를 사용하면서 발생하는 문제점을 스스로 해결하는데 어려움이 있다. 내부 기술 역량이 없는 기업은 상용 SW를 구매하고, 유지 보수 계약을 통해 기술 지원을 받아 사용하는 것이 일반적이지만 앞으로는 오픈 소스의 활용이 더 확대될 것이므로 점차 오픈 소스를 도입해 가면서 내부 IT 조직의 기술 역량을 높이는 것도 바람직한 전략이다.

개발을 진행할 때에 가능한 장기간 계획을 가지고 수행하는 것이 필요하다. 동시에 여러 프로그램을 개발하기에는 비용과 인력이 많이 들어가게 되어 재무적인 부담뿐만 아니라 인력 운영에도 어려움을 겪는다. 또, 클라우드 전용 애플리케이션 개발 경험이 쌓이지 않는 상태에서 무리한 계획을 추진하면 개발이 실패할 가능성도 매우 높아진다. 따라서 비록 클라우드 전환이 늦어져 기존의 IT 환경을 상당 기간 유지해야 하더라도 충분한 시간을 가지고 클라우드 전용 애플리케이션 개발을 진행하는 것이 바람직하다.

개발부담을 없애 버리는 조금 더 과감한 접근은 SaaS 방식이다. 기업이 요구사항에 맞추어 시스템을 개발하는 것이 아니라, 이미 개발된 클라우드 기반 애플리케이션을 도입하는 것이다. 예를 들어 협업을 위한 Office 365 또는 Google Docs 같은 것이 그 예이다. 이 경우, 기업은 더 이상 애플리케이션의 구축과 upgrade를 진행하지 않고, SaaS 사업자에게 맡긴다는 의미이다.

이런 경우, 기업은 기존의 시스템을 종료하게 되어 시스템 구축, 운영, 유지보수에 대한 고민을 덜게 된다. 그러나 반대로 기업 고유의 요구사항이 SaaS 애플리케이션에서 제공되지 않으면 이를 반영하기 어렵기 때문에 일부 요구사항에 대한 희생은 각오하고 도입해야 한다. 또 다른 SaaS 전환으로 생기는 문제는 기존 시스템의 데이터를 SaaS 시스템으로 이관해야 하고, 사용자들에게 새로운 SaaS 시스템의 사용법을 교육해야 하는 등 초기 혼란은 감수해야 한다. 따라서 일정 기간 데이터 이관하고, 시스템을 검증하고, 업무 프로세스를 수정하고 사용법을 익히기 위한 적응 기간이 상당이 필요하다.

5단계 시스템 이전(migration) ☁

이제 다음 단계는 기존의 시스템을 클라우드 인프라 또는 클라우드 플랫폼으로 이전한다. 온프레미스 환경에서 클라우드 환경으로 이전하면 내부 전산실 또는 데이터센터에 임대한 공간을 없애고, 이 공간에 있던 장비를 처분한다. 이와 관련된 운영비용과 임대 비용은 더 이상 발생하지 않는다. 그리고 유휴 장비는 다른 용도로 활용하던지 폐기 처분한다.

기존의 애플리케이션을 클라우드로 이전하면 기능은 변함 없지만 인프라와 플랫폼 관련 인터페이스 부분의 SW 변경은 일어난다. 앞서 이야기한 포팅(porting)이 이루어진다. 이미 만들어진 SW가 구조화되어 제대로 개발되었다면 1달 이내의 작업이면 쉽게 클라우드 환경으로 이전이 된다.

그러나 구조화된 개발이 되어있지 않으면 많은 부분에 수정이 일어나고, 경우에 따라서는 재개발과 유사한 시간이 걸리게 된다. 이런 일이 발생한다면 기존의 애플리케이션의 초기 개발이 제대로 이루어지지 않았다는 증거이다.

이러한 이유로 전체 시스템에 대한 아키텍처가 중요하다. 아키텍처는 시스템의 가장 중요한 설계도이다. 그 동안 많은 기업이 아키텍처를 만들고 관리하는 것을 소홀이 하고, 오픈 일정이 급하다는 핑계로 설계도도 없이 기능만 구현하여 시스템을 오픈 하였다. 이런 상황에서는 아주 단순한 기능 하나도 추가하기 어렵다. 클라우드 전환이 되면 이제부터라도 IT부서는 설계도, 아키텍처를 반드시 만들어 놓아야 한다. 그래야 시스템의 문제가 발생하면 어디서 문제가 발생한지 파악이 가능하고, 새로운 기능 추가도 매우 쉽게 할 수 있기 때문이다.

클라우드 아키텍처를 설계하면서 가장 고민해야 할 부분은 확장 가능한 구조로 만드는 것이다. 클라우드는 원하는 때에 on demand 방식으로 자원을 늘리거나 줄일 수 있다는 점을 설명하였다. 이러한 클라우드의 장점을 최대한 활용하려면 아키텍처 설계부터 이 부분을 고려해서 설계되어야 하고, 구현도 그렇게 되어야 한다. 클라우드를 도입한다고 자동 확장 기능이 생기는 것이 아니라 실제 아키텍처에 반영하고 구현해야 한다. 확장 가능한 클라우드 아키텍처에서는 사용 패턴과 시스템의 부하 특성에 따라 부하가 증가하면 별도의 자원을 추가로 투입하도록 구현하고, 반대로 부하가 감소하면 자동으로 자원을 줄여 비용을 줄인다. 이러한 기능은 서버뿐만 아니라 스토리지에도 그대로 적용된다.

6단계 검증 및 최적화 ☁️

지금까지 여러 단계를 거쳐 기존의 시스템들을 클라우드로 전환 하였다. 이렇게 만들어진 시스템이 한 번에 모든 기능이 제대로 동작되는 경우는 절대 없다. 대부분의 경우, 일정 시간을 거치면서 모든 기능에 대한 테스트를 진행하고, 여기서 발견된 문제점을 해결하는 기간을 거친다. 경우에 따라 심각한 문제가 발생하여 아키텍처 변경도 일어날 수 있으니 충분한 검증과 개선을 위한 시간을 확보한다.

검증 과정에서 애플리케이션의 기능 검증을 철저히 하면서 클라우드 고유 기능에 대한 검증도 진행해야 한다. 프로비저닝 기능이 정확하게 수행되는지, 사용자의 관리 요청이 정확하게 수행 되는지, 클라우드 서비스에 대한 모니터링이 이루어지는지 확인하는 작업을 거친다. 이를 위해서는 설정된 환경의 변경, 대규모 사용자의 동시 사용, 새로운 장비의 추가와 삭제, 장비의 고장 같은 상황을 연출하고 이 상황에서도 클라우드 서비스가 정상 동작되는지 확인한다.

검증 단계에서 요구사항에 따라 제대로 동작하는 것을 확인하는 기능검증뿐만 아니라 성능검증도 수행한다. 애플리케이션의 성능 목표를 설정하고 이를 검증한다. 정보 시스템 같은 직원용 서비스 또는 온라인 쇼핑몰 같은 대 고객용 서비스의 경우, 시스템 성능이 중요한 요구사항이다. 따라서 정해진 성능 목표를 달성하지 못하면 성능 향상을 위해 시스템 구성을 수정해야 한다. 예를 들어 병렬 처리 기법을 사용하여 로드 밸런스(load balance) 같은 기술을 도입하여 기준 이상의 부하가 걸리면 여러 서버로 트래픽을 분산하는 기능을 적용한다.

또한, 장애에 대한 대응책도 필요하다. 항상 시스템이 우리가 생각하는 대로 동작되는 것이 아니므로 예상치 못한 문제가 발생할 때에 프로세스대로 처리되는지 확인이 필요하다. 모의 상황으로 서버가 중지되는 상황을 만들고, 장애가 정확히 감지되는지, 장애 상황이 담당자에게 전달이 되는지, 담당자가 장애 매뉴얼에 따라 제대로 대처하는지 사전에 검증이 필요하다.

이렇게 기능과 성능을 검증하였다 하더라도 실제 서비스의 오픈은 단계별로 진행하는 것이 필요하다. 순차적으로 시스템을 동작 시키면서 문제점 여부를 확인하고, 치명적인 문제가 발생하면 과거 상태로 돌리는 backup plan도 만들어 놓아야 한다.

또 기억해야 할 점은 애플리케이션의 지속적인 개선이다. 과거 애플리케이션은 한번 개발하고 서비스를 시작하면 거의 개선 작업이 없었다. 그러나 요즘은 적어도 1년에 2번 정도의 대규모 개선이 일어난다. 그 이유는 기업의 환경이 계속 변화하고 직원들의 요구사항도 새롭게 만들어지면서 업무가 계속 변화하기 때문이다. 따라서 클라우드 전환 이후 업무가 끝나는 것이 아니라 주기적으로 새로운 요구사항을 수집하고, 이를 반영하여 애플리케이션을 개선하는 과정을 계속 반복해야 한다.

〈관련 기사〉
- 2013년 5월 9일, "MS의 클라우드 구축 방법론 6단계", 아이뉴스24, http://news.inews24.com/php/news_view.php?g_serial=744080&g_menu=020200&rrf=nv
- 2013년 12월 12일, "HP 클라우드, MS 애저·SAP HANA 함께간다", ZDNet Korea, http://www.zdnet.co.kr/news/news_view.asp?artice_id=20131212110157&type=det&remenu=020200&rrf=nv

 **기사 요약**

성공적인 클라우드 전환을 위해 방안을 수립하고 방향성을 설정하며 전환 대상 선정, 클라우드 모델 구체화, 실행 계획 수립하기 위한 방법론을 글

로벌 IT 선도 기업이 제시하고 있다. 마이크로소프트, HP의 클라우드 전환 방법론을 보면 내용은 다르지만 개념적으로는 매우 유사하다.

마이크로소프트는 4개 단계로 클라우드 전환 방법론을 제시하였다. 1단계로 클라우드 전환에 대한 목표 설정으로 IT 변화에 따른 클라우드 전환 목적을 명확히 하고, 이에 따르는 계획을 수립한다. 2단계에서는 클라우드 전환 대상 선정 작업이다. 전환 대상에 대한 평가 기준을 선정하고, 그 기준에 따라 전환 시스템을 선별한다. 3단계에서는 클라우드 아키텍처를 설계하고 이에 따르는 클라우드 서비스를 선정하는 단계이다. 4단계는 운영 단계로 클라우드 전환 이후의 분석을 통해 성과를 측정하고, 다음 계획을 수립한다.

이번 장을 마치며

- 클라우드 전환은 1) 목표설정, 2) 현행화, 3) To-BE 모델 아키텍처 설계, 4) 신규 시스템 개발 및 구매, 5) 시스템 이전 6) 검증 및 개선의 단계를 거치면서 이루어진다.
- 1단계 목표 설정에는 클라우드 전환에 따른 기업의 사업적 목표와 IT 부서가 가진 개발 관점의 목표를 명확히 하여 클라우드 전환 과정에서 의사 결정의 기준으로 삼는다.

- 2단계 현행화에서는 기업이 가진 IT 자산과 애플리케이션을 파악하고 관련 설계 문서, 결과물을 확보한다. 이 과정에서 보유한 데이터의 현행화도 수행한다.

- 3단계 To-BE 모델 아키텍처 설계에서는 현재 애플리케이션 상황을 바탕으로 클라우드 전환 이후의 모습을 그린다. 이에 따라 각 애플리케이션의 포팅(Porting), 재구조화(Refactoring), 재개발(Redevelopment), 전환(Replace)을 결정한다.

- 4단계 신규 시스템의 개발 또는 구매는 장기적인 계획을 가지고 순차적으로 애플리케이션을 개발 진행하는 것이 인력적인, 재무적인 부담을 줄인다.

- 5단계 시스템 이전은 전체 아키텍처에 따라 순차적으로 추진하고, 그 과정에서 로드 밸런스 같은 클라우드 고유 기능이 제공되도록 한다.

- 6단계 검증 및 최적화에서는 애플리케이션과 클라우드 서비스의 기능 검증을 수행하고, 성능 검증도 수행한다. 또한 장애 상황을 만들어 안정적인 서비스가 제공되는지 확인한다.

- 클라우드로 애플리케이션을 이전한다고 모든 일이 끝나는 것이 아니라 개선 작업을 통해 새로운 기능을 추가하고, 성능과 기능을 개선하는 작업을 지속적으로 추진한다.

기업 클라우드 IT 전략

Chapter 09

기업 클라우드의 전환 실행

클라우드 전환에 대한 의사 결정과 이에 따른 실행 계획을 세운 이후에는 클라우드 전환을 수행해야 하는 시점이다. 아무리 좋은 계획도 실행력이 따라주지 않으면 의미 없는 구호에 지나지 않는다. 실행력을 확보하기 위해서 팀을 구성하고, 사업자를 선정하고 조직원들의 지지를 받아내기 위한 방안을 생각해 본다.

역할과 책임을 명확히 하고, 최적의 팀을 구성한다.

모든 일의 실행은 조직과 사람에 의해서 움직인다. 클라우드 전환을 위해서도 조직과 개인의 역할과 책임을 명확히 하는 것이 중요하다. 클라우드 전환 업무에 대한 역할과 책임을 부여하는 방법은 기존 조직에 클라우드 전환 업무를 추가로 주는 방법과 새롭게 조직(예를 들면 TF)을 구성하고 주는 방법이 있다.

기존 조직에 클라우드 전환 업무를 부여하는 경우, 과거 시스템에 대한 개발과 운영 경험으로 각 애플리케이션에 대한 충분한 지식은 있어 비교적 수월하게 업무를 시작할 수 있으나, 클라우드 전환이 기존 업무의 별도 추가 업무로 부여되면서 우선순위가 떨어지고, 진행 속도가 잘 나지 않는 문제점이 있다. 반대로 클라우드 전담 조직을 구성하면 책임감과 열정을 가지고 업무를 추진하기는 하나, 기존 시스템의 상황을 잘 알지 못해 업무 진행에 어려움을 겪는다.

이러한 장단점이 있지만 가능하면 별도의 클라우드 전문 조직 구성을 통해 클라우드 전환을 추진하는 것이 효과적이다. 그래야 업무에 대한 책임감이 높아지고, 프로젝트를 수행하는 과정에서 축적 된 많은 경험과 산출물이 재사용될 수 있다. 비록 처음에는 기존 조직의 소극적인 참여로 진행 속도가 느리지만 일이 진행될수록 진행 속도가 탄력을 받는다.

단기간에 대규모로 클라우드 전환을 해야 하는 경우, 전담 조직만으로는 인력의 한계가 있어 실행하는데 어려울 수 있다. 이럴 경우에는 클라우드 전담 조직이 전체적인 전략 수립과 실행을 주관하면서 기술 지원과 결과물을 관리하는 역할을 맡고, 기존 조직이 기존 시스템에 대한 클라우드 전환 작업을 맡으면 좋다. 어떤 형태라도 클라우드 전환에는 클라우드 전담 기술 조직이 필요하다.

또 다른 문제는 팀 구성이다. 즉, 클라우드 전환을 내부 인력만으로 수행하는 것이 좋을지, 외부에 클라우드 전문 인력을 활용하는 것이 좋을지 결정하는 문제이다. 내부 직원으로 진행하면 기술 습득 결과와 경험이 내재화되어 앞으로 지속적으로 활용 가능한 클라우드 전문가를 양성하는 장점이 있다. 그러나 반대로 기존 업무에서 인력을 빼 내는 것이 쉽지 않을뿐더러 기술 습득과 경험이 쌓일 때까지 많은 시간과 시행착오를 거치는 문제점이 있다.

따라서 외부 클라우드 전문가와 내부 인력을 통합하여 팀을 구성하고 클라우드 전환 프로젝트를 수행하는 것이 바람직하다. 이 경우, 클라우드 관련 지식과 경험은 외부 인력으로부터 얻고, 내부 인력 참여를 통해 클라우드 전환 이후에 조직 내에 지속적으로 클라우드 전문성을 키워갈 수 있는 방법이다.

결론적으로 클라우드 전환은 전담 조직을 구성하고 이 조직 중심으로 업무를 추진하면서 내부 역량이 부족하면 외부의 클라우드 전문가를 포함하여 전문성을 높여서 과제를 추진한다.

요구사항에 맞는 클라우드 사업자를 선정한다.

내부에서 관리하는 인프라를 클라우드로 전환하는데 있어 클라우드 사업자의 선정은 매우 중요한 요소이다. 각 기업의 상황과 요구 사항이 다르기 때문에 다른 기업에 잘 맞는 사업자가 우리 기업에 맞는 사업자라 확신할 수 없다. 따라서 기업의 요구사항에 따라 평가 항목을 선정하고 각 클라우드 사업자를 평가하여 최종 사업자를 선정한다. 아래 내용은 클라우드 사업자를 평가할 때 검토해야 할 항목들이다.

기술 항목

- 지속적으로 새로운 서비스와 상품이 출시되고, 신기술을 적용한 서비스의 개선이 신속히 이루어지는가?
- 클라우드 관련 교육과 컨설팅이 제공되고, 관련 자료가 충분하고, 현장 기술 지원이 적극적이고, 기술 지원에 대한 비용이 합당한가?

운영 항목

- 운영 능력을 입증할 만한 기록과 표준화된 서비스 수준 협약(SLA)을 가졌는가? 또한 SLA 미준수로 인한 보상 규정은 만들어져 있는가?
- On-demand 확장성을 제공하고, 자원 공유, 신속한 자원 할당과 회수 기능이 제공되면서, 미터링을 통한 사용량 기반 가격 모델을 제시하는가?
- IT자원에 대한 정확한 모니터링을 수행하고, 이에 대한 보고서를 주기적으로 제공하는가?
- 고객의 새로운 요구사항에 대해서 얼마나 진지하고, 신속히 대응하는가?

보안 및 Compliance 항목

- 클라우드 업체가 기술적, 물리적, 정책적 보안 역량을 가졌는가?
- 보안 관련 도구와 보안 프로세스가 만들어져 있고, 이에 따라 운영이 이루어지고 있는가?
- 모든 작업 내용이 로그로 저장 관리되고 있고, 이에 대해서 요청 시 즉시 제공이 가능한가?
- 각국의 정부 규정을 준수할 수 있도록 데이터센터를 관리하고, 데이터 저장 장소의 지역적 위치를 선택할 수 있고 또는 재구성할 수 있는가?

여러 항목을 제시하였지만, 기업의 클라우드 전환 목적에 합당하고, 협업이 원활하고, 장기적인 파트너 구축이 가능한 업체를 선정하는 것이 중요하다. 기업의 가장 중요한 인프라를 다른 업체에 맡기는 것이고, 한번 선정한 사업자를 변경하는 것이 쉽지 않기 때문에 클라우드 사업자 결정은 신중하게 추진되어야 한다.

체계적인 프로젝트 관리와 추진 속도를 조절한다. ☁

경영진으로부터 시작된 프로젝트는 보통 top-down 방식으로 진행된다. 따라서 과제 진행 상황이라든지, 의사 결정에 대해 경영진 보고와 결정이 필수적이다. 반면에 과제 관리를 현업 부서 중심으로 진행하고, 중요한 이슈에 대해서만 경영진에 결정을 받는 구조 bottom-up 방식의 관리가 있다. 많은 경우, 클라우드 전환 과제는 경영진에서 시작된 top-down 방식으로 초기에 진행된다.

그러나 top-down 방식으로 시작된 과제라도 경영진이 지속적으로 과제에 대한 관심을 가지고 관리하기는 어렵다. 따라서 시간이 지나면서 점차 과제의 추진 동력이 약해지는 경향이 있다. 특히, 클라우드 전환 과제는 기업 전체의 업무 프로세스와 업무 매뉴얼에 변화를 주기 때문에 아무리 경영진에서 시작되었더라도 현업의 적극적인 참여가 지속되기는 어렵다. 따라서 과제가 정상적으로 진행되기 위해서는 신속히 bottom-up 방식으로 과제 관리가 전환되어야 한다.

또 다른 측면으로 과제의 진행 속도도 중요한 요소이다. 기업의 문화가 빠른 변화를 감당할 수준이라면 진행속도가 빨라도 문제가 없으나 대부분의 기업이 업무 프로세스 변화에 대단히 보수적이다. 따라서 많은 경영진들은 비용이 더 들더라도 또 결과가 조금 늦게 나오더라도 조직과 기업 문화가 감당할 수 있는 수준의 점진적인 변화를 원할 것이다.

그러나 반대로 공격적인 경영자는 다소 조직에 무리가 있더라도 단시간 내에 경쟁자보다 더 빠른 변화를 통해 경쟁력을 높이기를 원할 것이다. 이런 의사 결정이 이루어지는 기업은 클라우드가 사업의 중요한 핵심 역량으로 판단하고, 또 클라우드 전환 시기에 따라 경쟁자와 사업 구도의 변화가 있을 것이라고 판단한 경우 공격적인 결정을 한다. 사실 아마존, Netflix 같은 인터넷 기업이 신속한 클라우드 전환을 통해 새로운 사업에서 주도권을 가져간 경우이다. 국내 기업들 중에서는 E-Commerce 기업과 게임 관련 기업들은 클라우드 전환에 대해 매우 적극적이다. 이들 기업은 클라우드를 통해 경쟁자 보다 빠른 서비스 출시와 차별화된 서비스와 가격 경쟁력을 만들 수 있다고 확신하고 있다.

전환 속도를 결정하는 데에 있어 기업의 사업 형태도 영향이 크다. 오래된 제조업 기업들은 완벽한 정보 보안이나 기존 사업의 안정성을 중요하게 여겨 클라우드 도입 속도를 천천히 그러나 완벽하게 진행하기를 원할 것이다. 그러나 반대로 신생 기업이나 서비스 분야 기업들은 새로운 클라우드 요구사항을 지속적으로 제시하고, 그 요구사항이 신속히 시스템에 반영되길 원한다. 이런 문화의 기업은 클라우드 전환에 대해서 매우 적극적이고, 공격적인 계획을 선호할 것이다.

전환 속도에 따르는 리스크를 줄이는 방법으로는 파일럿 프로젝트(Pilot Project)가 있다. 파일럿 프로젝트를 통해 사전에 기술적인 검증과 운영적인 검증을 수행하면서 예상되는 문제점을 사전에 파악하는 것이다. 이 과정을 통해 본 사업에서 예상되는 문제점에 대한 대책을 세우고 진행하여 도입 과정에서 리스크를 줄이는 방법이다.

프로젝트 진행 속도에 있어 가장 중요한 점은 기존 조직과 조직원의 전폭적인 지지를 받아야 한다는 점이다. 전사적인 지지와 합의를 이끌어 내기 위해서는 무엇보다 작은 성공 경험을 통해 클라우드 전환에 대한 긍정적인 분위기를 만드는 것이다. 그래야 성공의 결과물을 통해 클라우드의 소소한 문제점을 가지고, 클라우드 전환 차제를 반대하는 의견을 잠재우고 클라우드 전환의 동력을 확보할 수 있다.

업무 프로세스의 변경이 병행되어야 한다. ☁

클라우드 도입은 기업 업무 프로세스의 변화를 동반한다. 이 중 가장 큰 영향을 미치는 것이 IT 비용 처리에 영향을 받는 재무 프로세스와 운영과 개발이 통합되는 개발 프로세스이다.

재무 프로세스 변경

일반적으로 IT 예산 중에 장비 등 인프라의 구매는 상대적으로 규모가 큰 투자비용으로 잡힌다. 그러나 클라우드 도입으로 인해 부담스러운 투자비용이 없어지고, 인프라 비용이 운영비용(OPEX)으로 바뀐다. 그런데 이 비용은 사용량에 따라 지급이 되기 때문에 운영 상황에 따라 정해진 예산 범위를 벗어나면 재무 관리 관점에서 문제가 발생한다. 이러한 점에서 클라우드 도입과 관련된 비용 프로세스의 변경에 대해서 IT 조직과 재무부서 담당자 사이에 클라우드 개념과 비용 청구 방식과 정산 방식에 대해 사전에 협의가 있어야 한다.

일반적으로 IT부서가 관리하는 IT 비용은 하나의 부서를 위한 것이 아니라 여러 부서가 나누어 사용하는 것이 일반적이므로 각 부서의 사용량에 따라 비용을 나누어 정산해야 하는 일이 발생한다. 과거 IT 투자에 대해서는 사전에 부서 간 협의를 거쳐 결정하지만 클라우드로 전환하면 사후 정산을 하기 때문에 각 부서별로 사용량에 대한 집계가 이루어져야 한다. 따라서 IT부서는 부서별 인프라의 사용 기록과 이에 따르는 비용 정산을 미리 사용 부서와 재무부서와 협의하고 주기적으로 사용량에 따른 정산을 처리한다.

이처럼 클라우드 전환으로 그 동안 관례처럼 각 부서가 과도하게 잡아온 IT 예산이 실 사용 기반 정산으로 바뀌게 됨에 따라 불합리한 예산 부풀리기가 없어지게 되고 결과적으로 클라우드 전환이 기업의 재무 구조에 큰 도움을 준다.

추가로 클라우드 관련 예산 확보를 위해 재무부서와 공조가 필요하다. 클라우드 전환을 확대하기 위한 예산, 클라우드 인력 채용과 양성을 위한 예산을 적극적으로 재무부서에 설득해야 한다. 단기적으로 비용이 증가하는 것으로 보이나 장기적인 경영 관점에서 클라우드를 통해 재무적인 효과가 있다는 점을 적극적으로 홍보해야 한다.

개발 프로세스 변경

개발 관점에서 클라우드 전환은 개발이 쉬워지고, 운영도 간단해져 우수한 IT 환경을 구축하고, 이에 따라 기업의 개발 효율도 높아진다. 이러한 성과를 얻으려면 기존 개발 프로세스의 전반적인 변경이 수반되어야 한다.

특히, 개발과 운영의 통합이 중요한 숙제이다. 데브옵스(DevOps)라고 불리는 이것은 클라우드 도입으로 개발과 운영의 경계가 무너지는 현상이다.

즉, 개발된 결과물이 운영에 바로 반영되고, 운영에서 생긴 문제점은 개발을 통해 바로 해결하는 것이 순환하며 진행되는 것을 의미한다. 그 동안 IT 부서는 개발자와 운영자가 서로 분리된 역할을 맡아 오면서 많은 문제점이 있어 왔다. 개발자가 애플리케이션 개발을 완료하면 운영자에게 이를 전달하여 운영에 들어간다. 운영자는 애플리케이션을 운영하다가 문제점이 발생하면 개발자에게 문제점을 설명하고 해결을 요구한다. 그런데 많은 문제점의 원인이 개발에 있는지, 운영에 있는지 명확하지 않아 두 담당자 사이에 많은 다툼이 일어난다. 또 서로 분리된 업무를 맡다 보니 서로에게 부담되는 업무 개선 제안이나 문제점에 대한 적극적인 검토를 피하게 되고 점점 소통이 단절된다.

따라서 DevOps 방식이 적용되면 개발자와 운영자의 역할이 통합되어 신속한 문제 해결은 물론 개발, 운영이 한 팀으로 움직여 조직 내에서 업무로 인한 갈등이 근본적으로 없어지게 된다. 더불어 개발된 결과물이 바로 실제 서비스에 반영되는 성과가 생긴다. DevOps 환경에서는 IT 담당자가 개발뿐만 아니라 운영에 대한 전문 지식과 역량을 요구 받는다. 이는 개인의 역량을 높이는 기회가 될 뿐만 아니라 기업의 IT 능력을 높이는 방안이다.

클라우드 전환에 따른 업무 조정

기존의 IT 조직은 이미 정형화된 IT 업무에 익숙해져 있다. 주어진 업무 매뉴얼에 따라 IT자원을 운영하고 문제점이 발생하면 정해진 프로세스에 따라 문제 해결을 진행하였다. 클라우드 전환이 되면 이들 업무는 클라우드 사업자가 수행하게 된다. 그럼 기존의 IT 인력은 어떻게 할 것인가? 사실 기존의 IT 인력은 전통 IT 업무에 최적화되어 있어 클라우드 관련 교육이나 경험을 가지고 있지 않으면 클라우드 전환 이후 활용하는데 어려움을 겪는다. 그렇다고 이들 인력을 별도의 시간을 내서 클라우드 관련 교육을 하거나 경험을 갖게 하는 것도 쉽지 않다. 이런 상황에서 어떻게 업무를 배치할 것인가가 큰 숙제로 남는다.

이런 상황에서 IT부서 책임자가 가져갈 전략은 거의 유일하다. 클라우드로 기존의 업무를 효율화하고, 이 과정에서 여유 인력을 만들어 내고, 여유 인력과 새로 채용되는 클라우드 전문 인력을 활용하여 지속적으로 클라우드 역량을 확보하면서 클라우드로 업무 전환을 추진하는 것이다.

기존의 업무를 효율화하는 방법은 자동화로 가능하다. 그 동안 수작업으로 진행하던 관제 기능은 모니터링 툴을 도입하거나, 고객 대응을 ITSM(IT Service Management) 같은 시스템을 도입하여 작업의 효율성을 높이도록 해야 한다. 또 클라우드로 업무 전환도 너무 무리한 계획과 욕심을 내서 진행하기 보다는 개인의 역량과 인력 충원 상황을 고려하여 3년 정도 장기 계획을 가지고 쉬운 일부터 순차적으로 진행하는 것이 필요하다. 이 과정에서 우수한 클라우드 전문 인력을 채용할 수도 있고, 기존 인력이 빨리 성장할 수 있다.

클라우드 전환으로 IT 조직의 새로운 업무들 ☁

클라우드 전환으로 IT 조직은 단순 운영 업무가 없어진 대신 고차원 업무 중심으로 역할이 전환되어야 한다는 점을 이야기 하였다. 사실 과거 IT 조직은 기존 시스템의 개선이나 시스템의 장애 대응 등 시급하고, 단순 운영 중심으로 업무가 맞추어져 있었다. 그러다 보니 정작 중요한 IT 정책 결정, 정책의 이행, 미래 IT 시스템 설계 같은 중요한 일이 우선순위에서 밀리게 된다. 따라서 클라우드 전환으로 확보된 자원은 아래와 같은 업무 고도화에 활용되어야 한다.

클라우드 전략 수립

IT 조직, 또는 CIO 조직의 중요한 역할은 클라우드 기반의 IT 전략을 수립하는 것이다. 기술의 흐름을 예측하고, 이에 대한 대응책을 마련하고, 사업적 요구사항에 따라 기술 분석을 통해 기술 로드맵을 설계한다. 또한, 시스템을 적시에 개발하고, 안정적으로 운영하기 위한 내부 개발 조직의 역량 강화와 외부에 과제를 발주하고, 이를 관리할 수 있는 프로젝트 관리 역량을 높여야 한다.

전체 인프라 및 SW 아키텍처 설계와 지속적인 개선

시스템이 운영되면서 많은 문제점이 발생하고, 시스템에 대한 사업적인 요구사항, 새로운 기술의 출현으로 생기는 혁신에 대응하기 위해서는 전체 인프라와 SW 아키텍처의 설계 능력이 IT부서에 요구된다. 이 아키텍처는 계속적인 변경에도 최신의 것으로 유지하는 것뿐만 아니라 미래의 아키텍처를 설계하고 개선하는 작업을 지속한다.

시스템 운영 체계 수립 및 SLA 체결과 통제

클라우드 전환으로 인해 시스템 운영 업무를 클라우드 사업자가 하더라도 시스템 운영에 대한 책임은 기존의 IT부서가 가져간다. 따라서 클라우드 사업자와 시스템 운영 프로세스를 만들어 합의해야 하고, 서비스 수준 협약(SLA：Service Level Agreement)을 체결하여 이 수준에 맞는 서비스가 제공되는지 지속적으로 감시해야 한다. 만일 서비스 수준을 달성하지 못하면 이에 대한 원인 파악과 재발 방지 대책을 세워 클라우드 사업자와 지속적으로 안정적인 서비스가 유지되도록 관리해야 한다.

IT 비용에 대한 관리

클라우드 전환으로 사용한 만큼 비용을 내는 구조에서는 IT 비용에 대한 관리 기능이 재무부서보다 IT부서의 역할로 중요해진다. 비용 예산을 수립하고, 실제 사용에 따른 비용 추이 분석과 비용 효율화를 위한 방안을 도출해야 한다.

이러한 비용 정책은 IT부서가 사업의 상황을 파악하고 이에 따라 결정해야 한다. 사업이 어려워지면 보수적인 시스템 운영을 통해 비용을 절감하고, 사업이 급격히 성장하고 있다면 시스템으로 인해 사업 기회를 놓치는 일이 없도록 비용이 더 들더라도 여유 있게 IT자원을 확보한다. 예를 들어 게임 사업의 경우, 사업이 잘될지 안 될지 예측하기 쉽지 않다. 따라서 IT 조직은 게임의 운영 상황을 누구보다 명확히 파악하고 있다가 실시간으로 인프라를 운영하여 게임 사업이 IT자원 부족으로 영향을 받지 않도록 대비해야 한다. 이제는 IT 조직이 누구보다 사업의 흐름을 잘 이해하고, 사업의 흐름을 예측하여야 한다.

클라우드 전환의 실행은 조직의 역할 변화뿐만 아니라 업무 프로세스의 변화를 가져 온다. 따라서 기업의 사업과 문화가 수용하는 속도에 맞게 전략적으로 수행해야만 기대했던 클라우드 전환을 성공적으로 완수할 수 있다. 이와 더불어 IT 조직이 클라우드 전환 이후에 그 전보다 더 많은 역할과 책임을 가진 고부가가치 업무의 핵심 부서로 전환해야 한다.

〈관련 기사〉
- 2015년 7월 30일 "너도나도 스마트워크…경영은 좀 나아지셨나요?", 머니투데이, http://www.mt.co.kr/view/mtview.php?type=1&no=2015062417023994596&outlink=1
- 2012년 10월 22일, "신한은행, 'S─드라이브'등 클라우드 활용한 스마트워크 구현 박차", 디지털데일리, http://www.ddaily.co.kr/news/article.html?no=96502 http://www.zdnet.co.kr/news/news_view.asp?artice_id=20131212110157&type=det&re menu=020200&rrf=nv

 기사 요약

클라우드 도입으로 최대의 효과를 얻으려면 조직의 업무 방식의 변화가 필요하다. 그러나 업무 방식의 변화는 조직원들이 그 동안 해 온 업무 스타일로 인해 변화가 쉽지 않은 분야이다. 새로운 기술에 보수적이고, 업무 방식 변화가 쉽지 않은 금융권에서도 클라우드를 도입한 스마트워크는 새로운 변화의 흐름이다. IT 기술 발전에 적극적으로 대응해야만 하는 금융 산업의 특성도 있지만 금융 거래와 개인정보를 다루는 업무 특성상 혁신적인 업무 변화를 기대하기는 쉽지 않기 때문이다.

아직은 클라우드 환경에서 모바일 기기의 사용을 확대하여 장소에 구애받지 않고, 업무를 볼 수 있는 모바일 환경을 구축하고, 커뮤니케이션 툴의 사용을 활성화하고 있다. 그 외에도 클라우드 저장소를 통해 문서 관리를 체계화 집중화하고, 조직 내의 지식을 축적하는 도구로 활용하고 있다. 이러한 변화를 통해 조직 문화의 혁신과 조직원 역량 강화에 노력하고 있다.

이번 장을 마치며 ☁

- 클라우드 전환 업무를 수행하는 팀은 별도의 전문 조직으로 구성하고, 외부에서 클라우드 기업이나 전문가를 참여시켜 추진 속도를 높이고, 내부 역량을 축적해야 한다.
- 클라우드 사업자의 선정은 기술 역량뿐만 아니라 운영 능력, 보안수준에 대한 평가 항목을 만들어 선정한다.

- 프로젝트 관리는 실무 중심의 bottom-up 방식으로 진행하는 것이 효과적이고 기업의 문화와 역량을 감안하여 진행 속도를 조절한다.

- 기업의 충격을 줄이는 방법으로는 파일럿(Pilot) 프로젝트를 수행하는 것이 바람직하다.

- 클라우드 도입에 따라 재무 프로세스의 변경이 일어나야 실질적인 재무적인 성과가 측정된다.

- 클라우드 도입으로 DevOps라고 불리는 개발과 운영을 통합하는 구조로 개발 조직이 변화해야 한다.

- 클라우드 도입으로 기존의 단순 운영 업무는 대폭 축소됨에 따라 인력의 기술 역량에 따른 업무 재배치와 역량강화가 필요하다.

- 클라우드 도입 이후에 IT 조직은 운영 업무를 줄이고, 전략 수립, IT 환경의 고도화, SLA 기반의 운영 및 관리 체계 도입 등 고부가가치 업무로 전환해야 한다.

기업 클라우드 IT 전략

Part 04

기업 클라우드의
운영과 활용

클라우드로 전환한 이후에 클라우드를 운영하고 활용하여 사업적인 성과로 연결하기 위한 방안을 다루고자 한다. 10장에서는 클라우드의 체계적이고 안정적인 운영을 통해 사업의 민첩성과 비용 절감을 이루는 방법을 설명한다. 11장에서는 클라우드 관련 중요 이슈인 보안을 다룬다. 12장에서는 클라우드의 성과를 측정하는 방법과 이를 경영 성과로 연결하기 위한 방안을 논의한다. 13장에서는 클라우드를 활용한 최근 응용 분야를 설명한다.

기업 클라우드의 운영

클라우드 전환을 결정하고, 계획하고, 실행하여 클라우드 환경이 구축되었다. 과거에는 전산실 또는 데이터센터에 기업의 장비들이 설치되어 있었고, 이들 장비에서 자체 SW가 구동되어 있는 상황이었다. 그 시절에는 문제가 발생하면 직원이 출근해서 장비를 점검하고, 조치를 취할 수 있었다. 그러나 이제는 클라우드 환경이라서 아무런 장소도 장비도 가지고 있지 않는 상황인데 이제는 운영에 대해 신경을 쓰지 않아도 되는 건가? 그렇지 않다.

예를 들어 주부가 직접 집안 정리정돈을 하고 직접 청소를 한다고 하자. 주부 입장에서 정리할 때에 물건 보관 체계를 만들 필요가 없다. 단지 어디에 두었는지 본인만 기억하면 된다. 청소를 할 때도 어디를 얼마나 깨끗이 청소할지도 본인이 그때그때 상황에 따라 정하면 된다. 그런데 외부 전문

청소 업체에 청소를 맡긴다면 상황은 달라진다. 업체에게 정확한 지시를 하지 않고, 알아서 해달라고 하면 업체가 물건도 알아서 배치하고, 청소도 자체 기준으로 한다. 다행이 업체가 높은 기준으로 하면 문제가 없지만 적당히 처리하면 주부가 원하는 수준의 결과가 나오지 않게 된다. 또 그렇게 되어도 본인이 알아서 해 달라고 했으니 뭐라고 불만을 이야기하기도 어렵다.

클라우드 운영도 마찬가지이다. 운영에 대한 준비 없이, 운영에 대한 목표와 프로세스 없이 운영을 클라우드 사업자에게 알아서 해달라고 맡기면 클라우드 전환까지 완벽하게 이루어졌더라도 운영 단계에서 기대하는 성과를 얻지 못한다. 결국 클라우드 전환의 성과는 운영 단계에서 만들어진다.

운영 준비는 클라우드 전환의 착수 단계에서 시작한다.

운영을 준비한 클라우드 전환과 그렇지 않은 전환은 전환 이후 성과에서 큰 차이가 난다. 실제로 운영 단계에서 성과를 내기 위해서는 클라우드 전환 초기 단계부터 운영을 고려하여 준비해야 한다. 운영이라면 서비스가 끊임없이 제공되는 안정성, 지속적인 비용 효율화뿐만 아니라 데이터의 안전한 저장과 보호를 위한 보안에 대한 준비도 필요하다.

먼저 IT자원이 생성되고 해지되기까지의 생애주기(Lifecycle)를 먼저 살펴보자.

• 가상의 IT자원을 생성하기 위한 규격을 정의한다. 이 규격에는 성능뿐만

아니라, 무장애 시간 같은 운영적인 안정성 기준도 포함된다.

- 사용자의 요구에 따라 IT자원을 할당하고 IT자원을 사용할 수 있게 한다.
- IT자원이 실행되는 동안 성능, 안정성에 대한 지표를 추적하고, 문제점이 발생할 때는 신속히 해결할 수 있도록 대응 체계를 구축한다.
- 더 이상 서비스가 필요하지 않을 경우, 서비스를 종료하고 관련 IT자원을 해지한다.

이러한 IT자원의 생애 주기를 고려하여 클라우드 전환의 각 단계에 운영 준비를 한다.

전략 수립 단계

클라우드 인프라의 생애주기(Lifecycle)를 위한 운영 정책을 만들고, 정책에 따른 업무 프로세스를 만든다. 특히 보안과 개인정보 관리 정책에 대해서는 국가별 법률적 의무 사항을 검토하여 이를 요구사항에 반영해 놓는다. 예를 들어 저장되는 개인정보는 암호화해야 하며, 개인정보의 유효기간이 도래한 개인정보는 즉시 삭제한다는 식의 정책을 만들어 놓는다.

설계 단계

만들어진 정책과 프로세스에 맞게 서비스가 동작되도록 데이터와 애플리케이션에 대한 아키텍처를 설계한다. 앞의 예로 설명하면 개인정보 보호를 위해서 DB에 저장되는 데이터 중에 개인정보에 해당되는 데이터를 분리

저장하고, 개인정보의 유효기간에 따른 DB의 부분적인 삭제가 가능하도록 DB 구조를 설계한다.

개발 단계

아키텍처 상의 성능, 안정, 보안 요구사항을 만족하는 아키텍처를 구현하기 위한 요소 기술을 확보하고 이를 활용하여 시스템을 개발한다. 클라우드 구축에는 많은 요소 기술들이 필요하기 때문에 자체적으로 개발하기 어려운 부분은 관련 솔루션의 도입을 추진한다. 특히, 운영을 자동으로 수행하기 위한 다양한 툴과 시스템들이 도입된다.

개발 이후에는 실제 운영에 들어가기 전에 충분한 테스트를 통해 과다한 부하에 영향이 없는지, 일부 장비에 문제가 발생하더라도 서비스에 영향이 없는지 확인한다. 특히 보안에 필요한 요소가 모두 구현되어 있는지 확인하는 보안 검수와 보안 담당자가 실제로 시스템을 해킹해 보면서 문제점이 있는지 파악하는 모의 해킹을 통해 만들어진 개발 결과물이 문제가 없는지 미리 확인하는 과정이 추가된다.

운영 단계

개발된 결과물을 클라우드 인프라에 적용하여 서비스를 실시한 후에는 지속적으로 운영과 보안 상황을 모니터링 하는 방안을 마련한다. 모니터링은 안정적인 서비스를 위해서 24시간 상시 감시하고, 문제가 발생 시 즉시 조치하는 업무로 많은 노력과 인력이 들어간다. 가능한 적은 인력과 노력으로 운영 업무를 수행하기 위해서는 우수한 성능의 자동화 툴의 도입이 필요하며 이를 운영할 수 있는 노련한 엔지니어가 있어야 한다.

보안 운영도 중요한 사안이다. 보안 사고를 사전에 예방하기 위해 이상 징후를 모니터링하고 관련된 작업 내용과 중요 이벤트는 로그로 남겨 놓아 보안 사고가 일어나더라도 사고 조사 과정에서 원인 파악과 보안 사고의 원인 제공자를 찾는데 활용한다.

사고 처리 단계

원치 않는 장애나 보안 사고가 발생하면 신속히 대응하고, 문제점의 원인을 파악하고, 이를 재발 방지하기 위한 정책적, 기술적 방안을 마련한다. 한번 발생한 사고는 다시 일어나고, 늘 새로운 문제가 발생하기 때문에 완벽한 운영은 없다. 늘 새로운 운영 사고와 보안 사고에 대한 정보를 수집하고, 문제점이 있다면 사전에 예방하고, 그래도 사고가 발생하면 신속한 조치를 해야만 시스템의 안정성을 유지할 수 있다.

운영을 위해서는 프로세스와 시스템이 필요하다. ☁︎

모든 업무가 마찬가지지만 업무가 있다면 이에 대응하는 조직과 프로세스가 있다. 이미 내부에 IT부서를 가진 기업은 운영을 위한 인력과 프로세스를 가지고 있을 것이다. 클라우드 환경으로 전환되면 기존의 IT부서의 역할과 이에 따르는 업무 프로세스의 개선이 이루어져야 한다.

운영을 위한 가장 첫 단계는 각 운영 업무를 정의하고, 조직별 또는 개인별 역할과 책임을 명확히 하는 운영 프로세스를 만드는 것부터 시작된다. 보고 체계도 정비해서 주기적인 보고와 문제 발생 시에 긴급 보고의 내용과 보고 대상자를 미리 정해서 긴박한 상황에도 당황하지 않고 문제를 해결할 수 있도록 사전에 준비해 놓는 것이 중요하다. 이러한 체계는 IT 조직만의 문제가 아니라 서비스 중단, 개인정보 누출 같은 중요하고 긴박한 사안에 대해서는 CEO까지 보고 될 수 있는 체계를 잡아야 하고, 역할과 책임에 대해서는 내부 인력뿐만 아니라 협력 업체까지 명확히 프로세스를 잡아 놓아야 한다.

만들어진 프로세스를 지키기 위한 모든 일을 수작업으로 처리하면 많은 인력이 필요하고, 작업 실수가 발생한다. 그래서 IT 역량이 있는 대부분의 기업들은 운영 자동화를 위한 툴과 시스템을 갖추고 있다. 예를 들어 '서비스 중단 시 모든 조직원에게 알린다'라는 프로세스에 따라 직원이 24시간 서비스를 감시하고, 서비스 중단이 발생하면 모든 조직원에게 일일이 문자를 보낸다는 것은 너무 비효율적이다. 따라서 프로그램을 통해 자동으로 시스템의 서비스 상태를 확인하고 서비스 중지가 감지되면 프로그램이 자동으로 담당자에게 SMS나 메일을 보낸다.

아래 그림은 사용자에게 클라우드 서비스를 제공하고 관리하기 위한 프로세스를 정의한 TTA에서 제정한 정보통신단체 표준이다. 이 프로세스와 실제 각 클라우드 사업자가 구축해 놓은 프로세스와는 차이가 있을 수 있지만 개념적인 측면에서는 동일하기 때문에 이를 기준으로 설명하고자 한다. 각 프로세스에는 업무를 수행하기 위한 시스템이 만들어져 있어 사용자가 또는 관리자가 시스템을 통해 편리하게 운영 업무를 수행할 수 있다. 아래에 각 프로세스와 시스템에 대해서 설명하도록 한다.

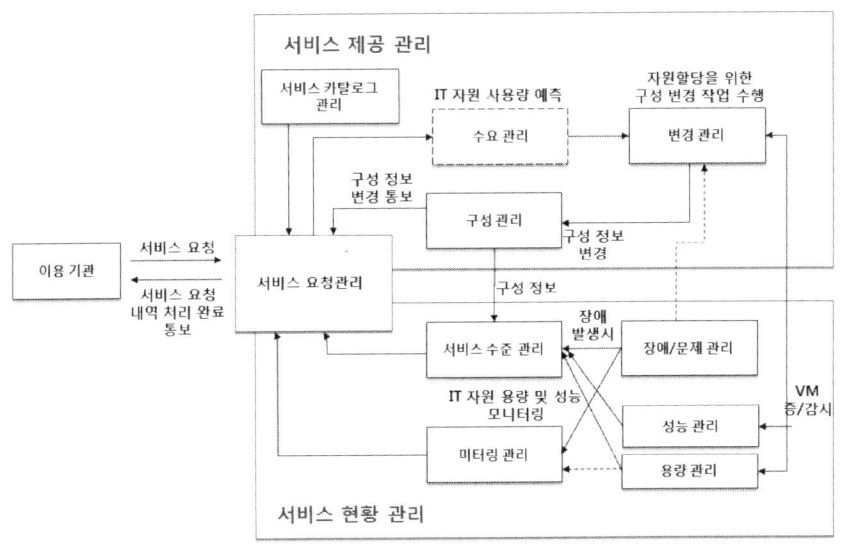

클라우드 컴퓨팅 서비스 제공 및 현황 관리 활동 흐름도
〈출처 : 클라우드 인프라 서비스 제공 및 현황 관리 지침, 정보통신단체표준(국문표준) TTAK.
KO-10.0465, TTA〉

먼저, 그림 위쪽에 있는 '서비스 제공 관리' 프로세스이다. 클라우드 서비스를 제공하기 위한 프로세스이다. 즉, 사용자가 가상머신을 신청할 때에 보유한 IT자원을 사용자에게 제공하는 과정이다. 이 프로세스는 클라우드 서비스를 제공하는 공급자 관점에서 필요한 프로세스이다. 만일 해당 기업이 기존의 IT 인프라 환경을 클라우드로 전환할 계획이거나, 사설용 클라우드 사업을 계획하고 있다면 클라우드 서비스 제공 관리 프로세스를 가지고 있어야 한다. 반대로 클라우드를 이용하는 사용자 입장에서는 클라우드 서비스가 어떤 과정을 통해 제공되는지는 그리 중요하지 않고 공급자가 제공하는 클라우드 서비스를 단지 사용하면 된다.

전체적인 서비스 제공 단계를 설명하면 사용자가 클라우드 서비스를 이용하기 위해서 '서비스 요청관리'로 서비스를 신청하면, 서비스 요청관리는 '수요관리'에 사용자의 요청사항을 전달한다. '수요관리'는 수신된 요청사항에 따라 사용자에게 필요한 컴퓨팅 자원을 산정하고 그 결과를 '변경관리'에 전달한다. '변경관리'는 사용자 요청내용과 자원 수요에 따라 보유한 자원을 변경하여 IT자원을 할당한다. '구성관리'는 변경된 클라우드 환경 구성정보를 '서비스 요청관리'로 전달한다. '서비스 요청관리'는 최종 처리 결과를 사용자에게 제공하여 서비스 제공 과정을 완료한다.

클라우드 사업자가 클라우드 서비스를 제공하기 위한 프로세스와 이를 관리하기 위한 프로세스와 시스템은 아래와 같다.

서비스 요청관리(Service Request Management) / 클라우드 서비스 포털

서비스 요청관리는 사용자가 클라우드 컴퓨팅 서비스를 사용하고 관리하는데 필요한 기능을 포털 서비스로 제공한다. 서비스 요청관리가 제공하는 포털은 사용자에게 서비스 카탈로그에서 제공되는 각 서비스들에 대한 세부정보를 제공하고, IT자원의 Lifecycle에 따라 사용자의 주문을 받고,

이를 승인하고, 서비스에 반영하는 시스템을 제공한다.

또한, 사용자에게 할당된 클라우드 자원 규모, 사용기간 등에 대한 서비스 운영 정보를 제공한다. 또한 트래픽 증가에 따른 가상머신의 변화, 비용의 변화를 알려 주시고, 장애 발생과 이에 대한 처리 결과도 알려 준다. 사설용 클라우드 환경에서는 전체 IT자원의 규모와 조직 별, 개인별 자원의 사용 상황을 대시보드를 통해 실시간으로 제공한다.

일부 사업자는 별도로 보고시스템(Reporting System)을 제공하기도 한다. 클라우드를 포함한 IT자원을 운영하면서 사용량, 성능, 장애 발생 등 운영과 관련된 내용을 일정 주기 단위로 보고서를 만들어 내는 시스템이다. 이 시스템은 일별 상황은 IT부서 실무자가 확인하는데 사용하고, 월별 또는 분기별 운영 상황은 CEO를 포함하여 보고한다. 이러한 보고를 통해 전사적으로 서비스의 운영 상태를 이해시킬 수 있을 뿐만 아니라 전사에 IT 운영에 관심을 갖게 하는 효과도 있다.

서비스 카탈로그 관리(Service Catalog Management)

서비스 카탈로그 관리는 클라우드 사용자가 선택 할 수 있는 서비스의 목록(카탈로그)을 관리한다. 서비스 목록은 서비스 이름, 서비스에 대한 설명, SLA 조건, 서비스 가격 등의 서비스 관련 정보이다. 클라우드 사업자는 서비스를 출시하고, 변경하고, 삭제하면 이에 따라 지속적으로 서비스 카탈로그를 변경하여 사용자에게 최신의 정보를 제공한다. 사용자는 서비스 카탈로그에 나와 있는 정보를 바탕으로 서비스를 선택하고, 클라우드 사업자는 이 기준으로 서비스를 제공하고 이 기준에 따라 비용을 청구한다.

수요관리(Demand Management)

수요관리는 사용자가 요청한 서비스를 제공할 수 있는 IT자원이 있는지 확인하고 부족하면 IT자원을 추가해야 하는지 결정한다. 추가로 IT 자원을 확보하는 작업은 아래 변경관리에서 수행한다. 수요관리는 클라우드 사용자의 요구량뿐만 아니라 전체 인프라 상황을 보고 여유 용량을 결정한다. 만일 지속적으로 사용자가 늘어나서 곧 IT 자원이 부족할 것이 예측되면 사전에 자원을 확보해서 신속한 자원 할당이 될 수 있도록 미리 준비한다. 예를 들면 급속히 사용률이 올라가면 사용률이 90%가 아닌 70%에 도달해도 미리 IT자원의 확보를 요청한다.

변경관리(Change Management)

변경 관리는 클라우드를 구성하는 물리적 자원과 가상 자원을 늘리거나 줄여 IT 자원의 구성을 변경하는 기능이다. 변경 관리는 IT 자원이 부족하거나 서비스의 장애가 발생해도 가상머신을 확보하여 제공한다. 이를 통해 IT자원의 프로비저닝(Provisioning)을 하게 된다. 클라우드를 제공하는 사업자 입장에서 변경관리는 시스템의 안정성과 성능에 영향이 크므로 매우 중요한 작업이고, 잘못된 설정을 하게 되면 대형 장해로 발전될 수도 있다. 따라서 변경관리는 인프라 관리를 책임지는 관리자가 수행한다.

구성관리(Configuration Management)

구성관리는 클라우드 IT자원의 구성요소인 가상머신, 서비스, 소프트웨어 등의 변경을 통제하고, 관리하고, 감시하는 기능이다. 따라서 구성 관리는 현재 전체 IT자원의 배치정보를 가지고 있고 관리한다. 구성 관리의 작업기록은 향후 문제가 발생했을 때에 그 동안 운영이 정상적으로 이루어졌는지 확인하는 자료이고, 장애가 발생하더라도 이 정보로 신속한 대응이 가능하다.

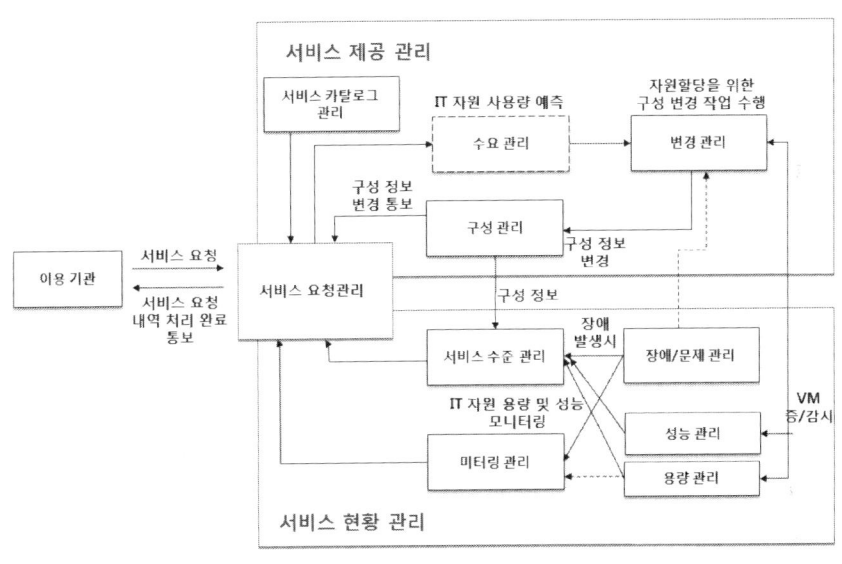

클라우드 컴퓨팅 서비스 제공 및 현황 관리 활동 흐름도
〈출처 : 클라우드 인프라 서비스 제공 및 현황 관리 지침, 정보통신단체표준(국문표준) TTAK.
KO-10.0465, TTA〉

이번에는 그림 아래쪽의 '서비스 현황 관리' 프로세스이다. 클라우드 서비스가 제공된 이후에는 서비스의 운영 상황을 관리하는 프로세스이다.

즉, 할당 받은 클라우드 자원이 제대로 정해진 기준대로 동작하는지 확인하고, 문제가 있다면 정해진 대로 적절한 조치가 이루어지는지 확인하는 프로세스이다. 이 부분은 클라우드 서비스 제공자나 사용자나 모두 필요한 프로세스이다.

특히 클라우드 사용자는 서비스 현황 관리를 이해하고 이것을 클라우드 서비스에 적용하면서 운영을 해야 한다. 이미 설명한대로 클라우드 사용자는 클라우드만 도입하고 제대로 운영과 관리를 하지 않으면 원하는 목적을 달성할 수 없기 때문에 클라우드 운영과 관리가 중요하다. 당연히 클라우드 서비스를 제공하는 사업자도 이들 기능을 완벽하게 제공해야만 경쟁사에 비해 우수한 품질의 클라우드 서비스를 제공할 수 있다.

전체적인 서비스 현황 관리 단계를 살펴보면 사용자가 '서비스 요청관리'를 통해 클라우드 서비스가 제공되면 '서비스 수준관리'는 미리 고객과 약속된 클라우드 서비스 수준 협약(SLA)을 기반으로 서비스가 제공되는지 관리한다. 이를 위해서 '성능 관리'와 '용량 관리'는 서비스 수준 협약에 명시된 수준을 지키고 있는지 24시간 모니터링을 수행한다. 모니터링 과정에서 IT자원이 추가로 필요하게 되거나 필요 없는 IT자원이 발생하면 '변경 관리'를 통해 새로운 IT자원의 할당과 축소를 진행한다. 또 항상 서비스가 정상적으로 제공되는 것이 아니라 예상치 못한 IT자원의 문제로 장애가 발생하면 '장애관리'가 정해진 프로세스에 따라 장애처리를 수행하여 문제점을 해결한다. '미터링 관리'는 사용자가 사용한 클라우드 자원의 사용량과 계약된 비용 조건에 따라 과금될 비용을 관리한다.

클라우드 사용자가 클라우드 서비스를 운영하면서 사용하게 되는 프로세스와 시스템은 아래와 같다. 클라우드 사업자, 즉 제공자는 아래 기능을 충실하게 클라우드 사용자에게 제공해야 한다. 클라우드 사업자의 운영 능력이 클라우드 서비스의 품질을 결정한다.

서비스 수준관리(Service Level Management)

SLA(Service Level Agreement)에 대해서는 12장에서 자세히 다루겠지만 간단히 설명하면 사용자와 약속한 서비스 수준 협약이다. 클라우드 사업자는 이 협약에 따라 사용자에게 제공되는 서비스에 대한 지속적인 모니터링을 통해 서비스 수준을 유지하고 개선해야 하는 의무가 있다. 또한 클라우드 사업자는 클라우드 사용자에게 서비스 운영 상황을 주기적으로 리포팅 해야 한다. 클라우드 사용자는 제공받는 서비스가 서비스 수준을 준수하고 있는지 지속적으로 확인해야 한다.

성능관리(Performance Management)

성능관리는 사용자와 합의된 서비스 수준 협약을 기반으로 클라우드 컴퓨팅 서비스의 성능 보장을 위한 활동이다. 성능관리는 모니터링을 통해 제공되는 서비스의 수준이 서비스 수준 협약에 만족하는지 확인하고, 성능이 기준 미달이라면 그 원인을 파악하여 성능개선 활동을 수행한다.

성능 관리를 위해서는 모니터링 시스템을 구축하여 클라우드 서비스 상태와 성능을 감시하게 된다. 서비스 품질 QoS(Quality of Service)을 포함한 서비스 수준을 보장하는지 실시간 감시하고 만일 고객과 합의한 서비스 품질을 달성하지 못하는 경우, SLA 위반 여부를 판단하여 관리자에게 통지한다. 또한, 성능 관리에서 기록하는 클라우드 자원의 사용량 데이터는 이후 과금 청구를 위한 데이터로 활용한다.

성능 관리를 위해 일반적으로 모니터링 하는 항목은 아래와 같다.

- **가상 서버**:사용자별 서버의 할당 기록을 남기고, 서버의 가동시간, 운영 성능을 실시간 감시한다.
- **데이터 스토리지**:사용자별 스토리지의 사용량을 감시하고, 스토리지의 오류 상황을 실시간 감시한다.
- **네트워크 트래픽**:데이터의 발신과 수신되는 네트워크 사용량을 측정하고, 성능 지표를 감시한다.
- **애플리케이션**:애플리케이션 사용자의 규모 변화 추이와 애플리케이션 서비스의 성능을 감시한다.

용량관리(Capacity Management)

용량관리는 안정적인 클라우드 서비스를 제공하기 위해 IT 자원에 대한 향후 용량을 예측하고 준비하는 활동이다. 용량관리는 현재의 자원사용에 대한 정보를 바탕으로 증가와 감소 경향을 분석하고, 이를 통해 미래의 수요를 예측한다. 이 부분에 대해서는 다음 절 수용량 설계와 관리에서 자세히 다룬다.

장애 및 문제관리(Incident and Problem Management)

장애관리는 서비스 제공이 불가능하거나 품질을 저하시키는 상황이 발생할 때에 가능한 빠른 시간에 서비스가 정상화 되도록 복구하는 프로세스이다. 반면에 문제관리는 장애가 발생한 이후에 원인을 분석하고 해결하여 이후에 동일한 장애가 발생하지 않도록 예방하는 프로세스이다.

장애를 관리하기 위해서는 서비스 품질에 따른 지표를 정의하고, 실제 서비스 되고 있는 지표를 수집, 비교 분석하여 서비스의 성능, 보안 등의 경고 또는 장애를 발생 시키고, 이를 관리자와 사용자에게 전파하여 신속히 해결 하도록 지원하는 시스템을 제공한다.

예를 들어 홈페이지 반응 시간 기준을 500ms 이하로 정의하면 사용자가 홈페이지를 접속한 이후에 500ms 이내에 반응하면 정상이라는 뜻이다. 만일 500ms가 넘어 가면 경고 상태가 되고, 이 상태가 5분 이상 지속되면 장애로 처리한다. 경고가 발생되면 IT부서는 이 문제를 해결하기 위해 분석을 시작하고, 장애가 발생하면 장애 처리 프로세스에 따라 관련 부서에 상황을 전파한다.

클라우드 서비스 관점에서 장애관리는 물리적 서버 같은 자원에서 발생하는 장애와 가상자원에서 발생하는 장애로 나누어진다. 장애가 발생될 경우에는 서비스 수준 협약에 따라 서비스의 중단이 없거나 최소 시간 내에 서비스를 복구하여, 사용자의 서비스 이용 불편을 최소화해야 한다. 장애관리는 장애 발생 시 장애의 중요도에 따라 등급을 부여하고 관련 부서에 공지 또는 경영진에게 보고하고, 이에 대한 처리와 진행 상황을 공유하고 확인하는 시스템을 만든다.

미터링 관리(Metering Management) / 빌링 시스템(Billing System)

미터링 관리는 제공된 서비스의 사용 데이터를 수집하고 서비스 요청 시 합의한 과금 기준에 따라 비용을 계산하는 프로세스이다. 미터링에 기준이 되는 과금 정보는 시장 상황과 서비스 상황에 따라 변경될 수 있으며 최종 과금 단계에서 사용량, 서비스 변경 내용, 장애내용을 종합하여 최종 금액을 결정한다.

빌링 시스템은 클라우드 사용량에 대해 사용 승인과 조직별 예산 및 비용 산정 방법을 정하고, 이대로 비용이 유지 되는지 감시하고, 최종 비용을 정산하는 시스템이다. 이 시스템은 다음과 같은 기능이 있다.

- **사용량 측정**: 서버, 스토리지, 네트워크 등에 대한 자원 사용량 정보를 수집, 저장, 분석하여 서비스별, 부서별, 개인별 비용을 산출한다.

- **비용 통제**: 예상 이상의 IT 자원의 사용이 발생하여 과도한 비용이 발생하는 것을 방지한다. 이를 위해 비정상적인 IT자원을 사용하면 담당자의 별도 승인이 이루어져만 추가적인 자원을 투입한다. 만일 승인이 되지 않으면 성능 저하 또는 서비스 중지 같은 조치를 취한다.

- **비용 최적화**: 과거 비용 정산 정보의 수집, 분석을 통해 차기 예산 수립에 반영하고, 비용 지출 계획을 수립한다. 또, 자원 사용 패턴을 분석하여 최소의 비용을 지불할 수 있는 방안을 제안한다. 예를 들어 사용이 거의 되지 않는 IT자원을 통합하거나, 일정 규모의 IT 수요는 장기

계약을 통해 비용을 절감하는 등 다양한 방법을 제안한다.

위에 보인 프로세스와 시스템은 일반적인 기업에서 사용되는 것들이고 기업의 IT 역량에 따라 더 많은 프로세스를 만들거나, 반대로 더 적은 프로세스와 시스템을 운영한다. 중요한 점은 IT 역량과 조직의 역량에 맞는 프로세스를 만들어야 한다는 점이다. 역량에 과다한 프로세스는 조직원들이 지키기 어려워져 결국 유명무실한 프로세스가 되어 버린다.

따라서 꼭 필요한 항목의 최소의 프로세스를 만들고 조직의 역량이 높아짐에 따라 또는 프로세스의 미비한 점이 발견될 때마다 지속적으로 프로세스를 보강하여 점차 완성도와 세부 내용을 강화하는 것이 바람직하다. 프로세스를 제정하는 것이 중요한 것이 아니라 기업 내부 조직원들이 얼마나 긍정적으로 받아드리고, 지킬 수 있는가가 더 중요하다.

사용자가 아닌 공급자인 클라우드 사업자 관점에서 프로세스와 툴을 좀더 살펴보면 클라우드 사업자는 지금까지 설명한 프로세스와 기능을 모두 가지고 있어야 한다. 필요한 IT자원을 제공하는 프로비저닝, 사용량을 추적하여 일정 기간마다 비용을 정산하는 빌링 처리, 클라우드 인프라의 장비의 상태를 감시하고 필요한 조치를 하는 관리 기능을 자동화된 시스템으로 가지고 있어야 한다. 이것을 클라우드 관리 시스템이라 한다.

공공용 클라우드 사업자, 사설용 클라우드 사업자 모두 이러한 클라우드 관리 시스템을 가지고 있어야 한다. 만일 혼합형 클라우드 사업자라면 기존에 운영하는 온프레미스 환경과 클라우드 환경을 통합하여 클라우드 관리 시스템을 가지고 있어야 하는데 아직 이를 확보하기 쉽지 않다.

시스템과 툴은 어떻게 확보할 것인가? ☁

동일한 IT 인프라 환경을 가진 두 클라우드 사업자가 있다면 이들 사업자의 차별점은 클라우드 관리 시스템으로 가져 갈 수 있다. 동일한 인프라 품질을 가진 A, B 클라우드 사업자 중에서 A는 다양한 지표에 대한 실시간 모니터링이 가능하고, B는 서비스 상황을 전혀 파악할 수 없고, A는 청구되는 요금의 세부 사용 내역을 확인할 수 있고, B는 세부 내역 없이 총액만 청구한다면 더 많은 비용을 지불하더라도 소비자의 선택은 당연히 A를 선택한다.

이렇게 중요한 클라우드 관리 시스템을 어떻게 확보할 것인가가 문제이다. 대형 클라우드 사업자라면 중요한 핵심 역량이고 자체 개발력이 있어 개발을 하면 되지만 그렇지 못한 사설용이나 혼합형 클라우드 사업자는 그 정도의 여력을 가지고 있지 못하다. 또 기회가 되어 자체 클라우드 관리 시스템을 개발한다고 하더라도 개발 이후에 지속적으로 문제점 개선과 기능 개선을 위해 상당히 많은 개발이 필요하기 때문에 자체 개발은 신중하게 결정해야 한다.

이런 상황에서 공공용 클라우드 사업자가 아닌 사설용 클라우드 사업자는 기존에 나와 있는 클라우드 관리 시스템을 확보하고 여기에 추가적인 개발을 통해 자신만의 서비스를 제공할 수 있게 하는 것이 바람직하다. 클라우드 서비스를 제공하기 위해 사용되는 상용 클라우드 관리 시스템은 아래와 같다.

VMWare

vRealize Suite라고 불리는 클라우드 관리 시스템은 사설용 클라우드와 혼합형 클라우드를 구축하는데 적합하다. 많이 사용되는 가상화 도구인 VMWare의 하이퍼바이저와 연동이 잘되기 때문에 사설용 클라우드 구축에 많이 사용된다.

마이크로소프트

Azure Pack이고 불리는 사설용 클라우드 관리 시스템은 온프레미스의 Microsoft System Center와 Windows Server와 연동되어 제공된다.

마이크로소프트가 제공하는 가상화 솔루션인 Hyper-V와도 연동된다.

특히 마이크로소프트는 공공용 클라우드 서비스 Azure를 제공하고 있어 이와 결합하여 혼합형 클라우드 환경을 구축할 수 있다.

Citrix

CloudPlatform이라고 불리는 클라우드 관리 시스템은 오픈 소스인 CloudStack을 활용하여 개발 하였다. CloudPlatform은 여러 하이퍼바이저와 연동되고 사설용 클라우드와 혼합형 클라우드를 구축할 수 있다.

이 외에도 오픈 소스의 클라우드 관리 시스템으로는 OpenStack과 CloudStack이 있다. 앞서 설명하였지만 오픈 소스를 사용하는 경우, SW 패키지 도입으로 인한 라이선스 비용은 발생하지 않지만, 도입 이후에 개발 과정에서 운영 과정에서 문제점은 스스로 해결해야 하기 때문에 자체 개발 인력이 없는 기업은 쉽지 않다. 그러나 장기적으로 클라우드 사업을 추진할 계획이고, 사업 규모를 점차 확대할 것이라면 미래를 생각해서 오픈 소스를 활용하고 내재화 하는 것이 장기적인 사업 측면에서 유리하다.

클라우드 서비스 제공자가 된다면 가상화, 클라우드 관리 시스템을 구축하는데 필요한 많은 표준 기술과 SW들을 도입해야 한다. 대규모 공공용 사업자가 아닌 사설용 클라우드 사업자를 기준으로 본다면 자체 개발보다는 특정 벤더, 예를 들면 VMWare, 마이크로소프트, Ctrix 같은 업체의 표준 아키텍처를 도입하는 것이 편리하다. 그 이유는 너무 무리하게 자체 기술 확보를 목표로 세우면 이후 구축 과정에서 비용과 시간이 과다하게 소요되기 때문이다.

안정적 서비스와 비용 효율화를 위한 수용량 설계

클라우드로 전환 하였다고 안정적인 서비스가 이루어지거나 비용 절감이 이루어지는 것은 아니다. 사용하지 않는 자원은 신속히 반환하고, 수요에 따라 어떻게 클라우드 자원을 투입할지 정책을 정해야 하고, 성능 모니터링에 따라 이들 정책을 수행해야만 안정적인 서비스와 비용 절감 효과를 얻는다.

과도한 비용 절감으로 여유 자원 없이 운영을 하면 긴급 상황에 대처할 수 있는 자원이 없어 큰 장애로 이어져 안정성이 떨어진다. 반대로 너무 많은 여유 자원을 확보해 놓으면 비용 절감 효과가 크지 않다. 따라서 자원의 현재 운영 상태와 향후에 필요한 수요와 이에 대한 여유분을 항상 관리하면서 적정 규모의 자원을 가져가야 하고, 이 상황은 상시 모니터링이 되어야 한다.

향후 수요 예측을 위해서는 과거 데이터의 축적이 중요하고, 수요에 영향을 미치는 요인에 대해서 관리가 되어야 한다. 서비스의 사용량은 늘 일정한 것이 아니고, 단기적으로나 장기적으로 변화한다. 하루 24시간의 상황을 살펴봐도 사내 시스템은 업무 시간 중에서도 10시 ~ 11시경에 가장 높은 수치를 보이고, 퇴근 이후에는 거의 트래픽이 발생하지 않는다. 반면에 PC 게임의 경우, 낮 시간에는 사용량이 낮은 수준이다가 회사와 학교가 끝난 밤 시간에 오히려 높아진다. 글로벌 서비스까지 고려하면 또 상황은 다르게 나타난다. 국가 간 시차로 인해 국가별 피크 시간대가 다르게 나타난다.

그 다음으로 요일적인 특성이 있다. 게임이나 영화 같은 엔터테인먼트 서비스는 주말에 더 많은 사용자가 몰리는 특성이 있다. 당연히 업무 관련 시스템은 주말에 거의 트래픽이 발생하지 않는다. 요일의 특성은 시스템에 대한 작업 날짜를 정하는데도 매우 중요하다. 사내 시스템의 경우, 거의 모든 서비스를 개선한 버전을 배포하는 요일을 토요일로 잡는다. 그 이유는 사용량이 없는 주말에 작업하고, 시험운전을 해서 안정적인지 확인 한 후에 월요일에 본격적으로 서비스를 하기 위해서이다. 이러한 경향은 계절의 영향도 있다. 따라서 각 시스템의 사용량이 어떻게 변화하는지 데이터를 누적하여 분석하고, 이에 따른 수요 예측을 해야 한다.

위와 같이 정상적인 서비스 상황에서는 어느 정도 사용량의 변화가 예측되지만 때에 따라 예측이 되지 않는 수요도 발생하기도 한다. 일상적인 범위를 초과하는 트래픽이 또는 급속한 사용량 감소가 발생해서 수분 또는 수일이 지속되는 경우이다. 그 원인은 매우 다양한데 1) 잘못된 프로그램으로 인한 버그(bug)로 서비스가 급증 또는 급감할 수 있고, 2) 인프라 장애로 인해 서비스 사용량이 급격히 감소할 수 있다. 또는 3) 보안 사고의 일종으로 여러 대의 공격자를 여러 곳에 분산 배치하여 동시에 '서비스 거부 공격(Denial of Service attack ; DoS)'을 함으로써 시스템이 더 이상 정상적인 서비스를 제공할 수 없도록 공격을 하면 사용량이 급증할 수 있다. 보통 이런 일이 발생하면 IT부서는 비상 상황이 되고 24시간 대기 상태가 된다. 그리고 신속히 해결책을 내고 문제를 해결해야 한다.

이렇게 과거의 데이터와 상황 분석을 통해 수용량을 설계하고, 이에 따라 자원의 추가 투입이나 삭제를 결정한다. 삭제는 큰 문제가 되지 않지만 자원의 추가 투입은 신중하게 진행된다. 여러 번의 테스트를 거쳐 문제점이 없는지 확인하고, 그 이후에 실 서비스에 적용한다. 이렇게 테스트 과정을 거쳤음에도 불구하고 서비스 초기에는 예상하지 못한 문제점이 발생하는 것이 일반적이다. 따라서 서비스 오픈이나 자원의 추가 투입 시점에는 거의 모든 IT 담당자는 대기하고, 실제 서비스에 문제가 발생하는지 확인하고, 문제가 발생하면 바로 수정하는 작업을 수행한다.

클라우드 환경에서 비용 정산 ☁

클라우드 환경에서 비용 정산을 설명하기 전에 요금제에 대해서 정리하고 시작해야겠다. 일반적으로 요금제는 정액 요금제와 변동 요금제가 있다. 정액 요금제는 서비스 신청 시 서비스 카탈로그에 나와 있는 서비스에 대한 요금으로 기간 별로 일정하게 부가하는 방식이다. 즉, 사용량과 상관없이 일정한 금액이 청구된다. 반면에 변동 요금제는 사용량에 따라 비용이 청구되는 방식이다. 전화 요금제를 생각하면 쉽게 이해할 수 있을 것이다.

기존의 IT 환경에서는 인프라 장비를 구매(buy)하는 시점부터 비용이 발생한다. 구매 이후 창고에 두던, 설치를 해 놓던지, 사용하던, 하지 않던지 비용이 계속 발생한다. 클라우드 환경에서는 사용한 만큼 비용을 지불한다고 했는데 사용은 2단계로 나누어진다. 먼저 언제든지 사용할 수 있도록 자원을 배정받는 단계와 배정 이후에 실제로 이용하는 단계로 나눈다. 이에 따라 요금제도 나누어진다.

- **할당량 과금**: 클라우드 서버 자원의 경우, 사용자가 가상머신을 요청하고 배정되는 순간부터 과금된다. 이 서버에 복잡한 연산을 수행하던지 사용을 전혀 하지 않더라도 사용자에게 배정하는 순간부터 과금된다. 필요하지 않은 가상머신은 반납하면 바로 과금이 중지된다.
- **측정량 과금**: 클라우드 스토리의 경우 측정량 과금이 일반적이다. 스토리지를 10GB당 가격을 정해 놓으면 서비스를 운영하다가 사용량이 20GB가 되면 2배의 비용이 발생하는 방식이다.

이런 측면에서 보면 공공용 클라우드에서는 '할당량 과금'은 정액 요금제가 일반적이고, '측정량 과금'은 변동 요금제가 적용된다. 사설용 클라우드의 경우에는 고객들이 예산 범위 내에서 비용이 집행되길 원하기 때문에 스토리지라 하더라도 정액 요금제를 채택하기도 한다.

이렇게 만들어진 요금제에 따라 클라우드 사업자는 고객사 또는 내부 사용 부서에 비용을 청구한다. 공공용 클라우드 사업자의 경우, 신용카드를 등록해 놓고, 주문에 따라 비용을 처리한다. 사설용 클라우드나 혼합형 클라우드 사업자는 고객사에게 보통 월별로 청구서를 발행한다.

부서별 클라우드 비용 정산 ☁

    클라우드를 사용하면서 기업 내의 비용 정산 시 신경 써야 할 부분이 있는데 그 중 하나는 부서별 비용 정산이다. 예를 들어 IT부서가 대표해서 클라우드 사업자와 계약해서 IT 자원을 확보하였다. 그리고 나서 A, B, C, D 부서가 IT자원을 요청하여 사용하였다. 클라우드 사업자로부터 IT부서로 월말에 100만원의 비용이 청구되었다. IT부서가 전체 비용을 처리하면 문제가 없지만 이 비용을 A, B, C, D 부서에 나누어서 정산해야 하는 일이 생긴다. 단순하게 각 부서별로 25만원 정산하면 간단하지만 금액이 크고 부서별로 사용 편차가 크면 각 부서가 이를 받아들이지 않는다. 따라서 IT 부서가 부서별 사용량을 집계하고 부서별 정산을 한다.

    공공용 클라우드의 경우 부서별 정산 기능을 제공하지 않지만, 사설용 클라우드 사업자나 혼합형 클라우드 사업자의 경우, 자체 클라우드 관리 시스템으로 부서별 정산 기능을 제공하고 있다. 경우에 따라 사설용 클라우드의 클라우드 관리 시스템이 기업의 재무 관리 시스템과 연동되어 있으면 클라우드 비용이 바로 재무 데이터에 반영된다. 이렇게 되면 IT부서에서 매번 정산을 처리하는 수고가 없어진다.

예산 한도 내에서 클라우드 비용 조절 ☁️

기업에서 비용 처리는 정확하고 예측이 가능해야 하기 때문에 IT 담당자 뿐만 아니라 재무부서에서도 신경을 많이 쓰는 부분이다. 특히 클라우드의 변동 요금제가 적용되면 월말에 정산해야 할 비용을 알 수 없기 때문에 정산 전이라도 얼마나 비용이 들어가고 있고 문제가 없는지 수시로 파악해야 한다. 마치 휴대폰 사용자가 며칠에 한 번씩 남아 있는 데이터 양을 확인하고 사용량과 빈도를 조정하는 것과 똑같다. 클라우드 사업자는 기업의 비용 관리를 위해서 사용자 포털에 실시간으로 사용량을 확인할 수 있게 하고, 예상 청구 비용을 알려주어서 기업의 IT 담당자가 이에 대해서 준비할 수 있도록 해 준다.

이렇게 관리해도 비용이 초과할 수 있다. 재무부서 입장에서는 예산을 초과한 비용 집행은 추가로 승인을 받아야 하고 사유를 설명해야 하는 매우 복잡하고 힘든 작업이다. 따라서 IT부서는 할당된 예산 범위 내에서 비용이 지출될 수 있도록 조절하고, 만일 예산 범위를 넘어갈 것으로 예측되면 사전에 재무부서와 대책을 마련하여 정산 시점에 재무부서와 다툼하는 일이 없도록 조치를 취해야 한다. 이를 보완하기 위한 방법으로 최대 비용을 설정하는 방법이 있다. 즉, 사용량이 증가하게 되어 비용이 예산 한도에 근접하면 고객에게 예산 초과에 대한 경고를 보내서 IT 담당자가 사전에 이를 인지하고 조치를 취하기도 한다.

<관련 기사>
- 2015년 10월 21일, "EMC-VM웨어, 클라우드 사업 속도 낸다", ZDNet Korea,
  http://www.zdnet.co.kr/news/news_view.asp?artice_
  id=20151021084338&type=det&re
- 2015년 10월 15일, "HP, 새로운 힐리온 클라우드시스템 9.0 출시", 테크노아,
  http://www.technoa.co.kr/news/articleView.html?idxno=84021
- 2014년 11월 4일, "CA, 통합 인프라 관리 'CA UIM' 신제품 출시", 데일리시큐,
  http://www.dailysecu.com/news_view.php?article_id=8097

📑 기사 요약

클라우드 관리를 위한 툴들이 발표되고 있다. EMC-VMWare, HP, CA 등이 클라우드 관리 솔루션을 이미 발표하였고, 국내의 많은 중소기업들도 특화된 클라우드 관리 툴을 발표하고 있다.

가장 기본 되는 툴은 클라우드 운영 업무의 워크플로우를 관리하는 툴로 자원의 배치와 상태를 확인하고, 이에 따라 원격에서 적절한 자원을 재배치하는 기능을 제공한다. 특히, 혼합형 클라우드 환경이 보편화되면서 복잡한 클라우드 환경을 조율하는 관리 툴에 대한 요구가 커지고 있다.

관리 툴에서 가장 많이 활용되는 툴은 모니터링으로 클라우드 운영 관련 데이터를 분석하여 이상 상황을 조기에 발견하고, 이를 관리자에게 전달하고, 해결에 필요한 정보를 제공하여 주는 툴이다. 이를 통해 클라우드 서비스의 안정성을 높이는데 크게 기여를 한다.

그 외에 클라우드 사용에 관한 히스토리를 저장 분석하여 개선점을 도출하거나 사용자 또는 관리자에게 클라우드 운영에 관한 보고서를 만들어 내는 툴도 활용된다.

이번 장을 마치며 ☁️

- 클라우드의 운영 준비는 클라우드 전환 이후에 하는 것이 아니라 전략 수립 단계부터 시작해야 한다. 그래야 클라우드 전환 이후의 운영 단계에서 기대했던 성과를 얻는다.

- 클라우드 환경을 자동으로 운영하기 위해서는 프로세스와 시스템, 툴이 필요하다.

- 클라우드 서비스의 이용 단계에서는 서비스를 신청하면, '수요관리'에서 사용자의 요청사항에 따라 컴퓨팅 자원을 산정하고, '변경관리'에서 IT 자원을 할당한다. '구성관리'는 변경된 클라우드 환경 구성정보를 사용자에게 제공한다.

- 클라우드 서비스의 운영 단계에서는 '서비스 수준관리'는 미리 고객과 약속된 품질로 서비스가 제공되는지 관리한다. '성능 관리'와 '용량 관리'는 SLA을 지키고 있는지 24시간 모니터링을 수행한다. 만일 장애가 발생하면 '장애관리'가 문제점을 해결한다. '미터링 관리'는 사용한 클라우드 자원에 대한 사용량과 계약된 비용 조건에 따라 비용을 관리한다.

- 사설용, 혼합용 클라우드 사업자는 운영 자동화에 필요한 클라우드 관리 시스템을 확보해야 하는데 자체 개발보다는 적합한 벤더의 솔루션을 선택하여 도입하는 것이 효과적이다.

- 안정적인 서비스와 비용을 절약하기 위해서는 과거 사용량을 기반으로 미래 수요를 예측해야 하고, 이에 따라 최적의 클라우드 자원 확보 방

안을 수립해야 한다.

- 클라우드 사용량에 대한 비용은 할당량 과금과 측정량 과금 방식이 있는데 정산 방식에 대해서는 재무부서와 사전에 협의가 필요하다. 특히 지속적인 사용량 관리로 정산 비용이 예산을 초과하지 않도록 관리해야 한다.

기업 클라우드의 보안 운영

클라우드 전환을 우려하는 가장 큰 이유가 보안이다. 그러나 보안을 우려하는 경영진을 만나 보면 보안 사고의 원인과 예방 방법을 충분히 이해하는 경우가 많지 않다. 오히려 클라우드를 도입하면 회사 밖에 서버가 있으니 보안에 취약한 것 아니냐고 되묻는다. 그래서 이번 장에서는 보안 사고의 유형과 원인을 살펴보고, 이를 방지하는 방법을 다루고자 한다. 이를 통해 안전한 클라우드 환경을 만드는 방안을 논의하고자 한다.

보안 사고의 종류와 원인은 클라우드에서도 동일하다.

전통적인 IT 환경에서 클라우드로 전환을 하면 보안 위협이 더 커지는 것으로 많이 알고 있지만 사실 대부분의 보안 사고는 각 기업 내부의 문제로 발생한다. 바꾸어 말하면 클라우드 보안을 강화하기 위해서는 클라우드 사업자 보다 이를 사용하는 기업의 준비가 더 중요하다.

클라우드의 보안 운영을 다루기 전에 일반적인 인터넷 상에 보안 위협을 이해할 필요가 있다. 보안 사고의 종류와 원인은 아래와 같이 분류된다.

트래픽 도청

인터넷에서 전달되는 데이터를 허가 받지 않은 사용자(공격자)가 악성 에이전트를 통해 정보를 수집한다. 일반적으로 이런 경우 스파이웨어(Spyware)에 감염 되었다고 한다. 이 경우 사용자는 사용상의 문제점을 느끼지 못하며 서비스 사용에서 직접적인 피해도 발생하지 않는다.

악성 중개자

악성 에이전트가 인터넷 내에서 전달되는 데이터를 일부러 바꾸어 서비스의 중단 또는 대량의 정보 수집 같은 공격자가 원하는 작업을 수행하게 한다. 일반적으로 악성 바이러스, 웜 바이러스(worm virus)에 감염되었다고 부른다. 이 경우 사용자는 본인의 의지와 다르게 컴퓨터가 동작하면서 치명적인 피해를 준다. 예를 들어 개인 파일을 복사해 가져간다든지, 원하지 않은 사이트로 지속적으로 연결되게 한다.

서비스 거부(DoS, Denial of Service)

무의미한 서비스 요청을 서버에 대량으로 보내 서비스가 정상적으로 동작하지 못하도록 IT자원에 과부하를 일으킨다. 즉, 너무 많은 접속으로 인해 서버가 반응하지 못하는 상태가 된다. 일반적으로 서버가 접속 불가가 되었다고 이야기를 한다. 이 경우, 사용자 컴퓨터에는 직접적인 피해가 없지만, 공격을 받은 서버에 접속이 불가능해져서 원하는 작업을 하지 못한다.

과도한 권한 부여

공격자가 부정한 방법으로 서버나 스토리지에 접근할 수 있는 권한을 획득하여 제한된 장비나 데이터에 접근한다. 이를 통해 불법적인 데이터의 유출, 기존 데이터의 삭제나 변조가 가능해진다. 보안성이 낮은 비밀번호를 사용하거나 계정이 공격자에게 누출되었을 때에 발생한다. 일반적으로 서버가 해킹 되었다고 표현을 한다. 이 경우는 회사에 해커가 침입한 상황인데 데이터의 변조나 유출로 인해 회사의 사업 자체에 치명적인 영향을 미친다.

이러한 보안 문제점은 기존의 인터넷 환경에서 이미 존재하는 것이고 클라우드 환경이라 위협이 커지는 것이 아니다. 단지, 공공용 클라우드 환경은 여러 사용자가 동시에 접근이 가능하기 때문에 지금까지는 과도한 권한 부여로 인한 보안 사고는 발생하지 않았지만 그럴 가능성이 있다는 우려를 한다.

비슷한 경우로 해외 클라우드 사업자의 데이터센터가 국내가 아니라 해

외에 있어 보안에 문제점이 있을 것이라는 우려가 아직 남아 있는 상황이다. 해외에서 어떤 일이 벌어지는지 알 수 없다는 논리이다. 따라서 최근 AWS은 이미 국내 데이터센터를 오픈 하였고, 마이크로소프트, 오라클 같은 해외 클라우드 사업자도 국내 데이터센터를 확보하겠다는 계획을 발표하였다. 데이터센터의 위치와 보안과는 큰 연관 관계는 없지만 국내 데이터센터가 만들어지면 이러한 막연한 우려는 사라질 것이고 결과적으로 국내 클라우드 수요를 확대하는데 큰 효과가 있을 것으로 예상된다.

〈관련 기사〉
- 2016년 1월 8일, "AWS, 국내 데이터센터 '서울 리전' 가동", 아이티데일리, http://www.itdaily.kr/news/articleView.html?idxno=73856
- 2016년 1월 19일, "AWS 서울 리전으로 이전"…해외에서 국내로 마이그레이션 본격화", 디지털데일리, http://www.ddaily.co.kr/news/article.html?no=139391

📝 기사 요약

아마존웹서비스는 아시아 태평양 지역의 5번째 데이터센터인 서울 리전을 7일부터 가동한다고 밝혔다. 이로 인해 그 동안 많은 국내 기업들이 글로벌 클라우드 사업자의 데이터센터가 해외에 있어 문제가 있다는 부정적인 시각이 제거 되었다. 따라서 보안에 대한 오해로 기업들이 해외 공공용 클라우드 사용에 부정적인 자세를 취해 왔는데 이번에 서울 리전이 만들어지면서 이런 불안은 해소가 될 것으로 예측된다.

또 다른 효과로는 국내 서비스 품질이 높아지게 되었다. AWS를 활용하여 국내 서비스를 하더라도 데이터센터는 해외에 위치하고 있어 속도 면에서 일부 지연이 있었는데 국내 데이터센터로 인해 서비스 속도가 크게 개선될 것으로 예측되고 있다.

이러한 상황에 맞추어 클라우드 이전을 고려하는 기업이 늘어나고 있고, 클라우드 이전 서비스를 제공하는 클라우드 전문 기업들이 인기를 끌고 있다. 사실 외부 개발자를 통해 구축된 클라우드 서비스를 리전에 따라 옮기는 데는 고려할 정책적인 사항과 기술적인 부분이 있어 클라우드 관련 기술력이 부족한 기업에는 어려운 일이다. 특히 AWS의 리전 간의 상품도 다르고 가격 정책도 다르기 때문에 이에 대한 전문적인 검토가 있어야만 리전 이전을 성공적으로 완수 할 수 있다.

보안 사고를 방지하기 위해서는 기술적 보안을 도입한다.

보안 사고를 방지하기 위해서는 기술적 보안을 통한 보안 자동화가 중요하다. 보안 계획을 수립 하거나 전체 시스템을 설계할 때도 보안 자동화를 염두 해 두어야 한다. 수작업은 자동화에 비해 언제나 느리고, 실수할 가능성이 많다. 보안에 있어 지연과 실수는 보안 사고의 원인이다. OS의 업그레이드와 보안 패치를 설치하는 것, 보안 관련 정책을 IT자원에 적용하는 것 모두 자동화해야 한다. 특히 중요한 부분은 보안 모니터링이다. 자동화된 보안 모니터링 툴을 도입하는 것과 모니터링을 통해 감지된 보안 취약점에 대해서 신속히 대응하는 것은 보안 사고를 예방하고, 설령 사고가 발생하더라도 피해를 최소화 할 수 있는 유일한 방법이다.

클라우드 사업자를 포함하여 기업들이 보안을 위해 사용하는 기술적인 방법은 다음과 같다.

- **서버 보안**: 사용자와 사용자의 그룹을 확인하여 이에 합당한 접근 권한을 부여 하고, 사용자 인증 프로토콜과 암호화 알고리즘을 적용한다.

- **데이터 보안**: 데이터 생성, 사용, 폐기까지의 수명주기를 관리하고, 데이터의 보안과 가용성을 보장하기 위해 데이터 암호화, 인증, 접근제어, 개인정보 보호 방안 등의 방법으로 보안 통제를 한다.

- **네트워크 보안**: 네트워크를 통해 들어오는 공격을 차단하고, 비정상적인 서비스 요청을 통제하기 위해서 네트워크 보안 솔루션을 설치한다. 이 솔루션을 통해 IT자원의 직접적인 접근을 금지하고, 침입 감지 시스템을 도입하여 DDos처럼 비정상적인 트래픽의 유입에 대해서 즉각적으로 인식하고 대응하도록 준비한다.

- **개인정보 관리**: 개인정보 수집과 폐기까지의 수명주기에 따라 데이터의 이동과 흐름을 추적 관리하고, 기술적 보안통제 기능을 제공한다.

- **접근 제어**: 사용자 별로 허가된 IT자원에 대해서만 접근을 허용한다. 일반적으로 여러 개의 시스템을 사용하기 위해서 사용자별로 계정을 관리하는 것은 보안 위험성이 증가한다. 이러한 문제점을 해결하기 위해서 하나의 계정 정보로 통합 관리하는 단일 사용 승인(Single Sign On, SSO)으로 각 시스템의 접근을 관리한다. 사용자 인증 방식도 지금의 ID/패

스워드 방식에서 지문, 홍채, OTP 등 다양한 방식을 혼합하여 사용하면 보안 수준이 높아진다.

- **보안 모니터링**: 서버에 비정상적인 접근이 있는지, 저장장치에 대규모 데이터의 저장과 삭제, 복사가 이루어지는지 감시를 한다. 그 결과 비정상적인 사용 패턴을 탐지하면 이에 따르는 대응 프로세스에 따라 처리한다. 또한, 모든 사용자 행동에 대해 로그를 남기고, 이에 대한 분석을 통해 사고 분석과 법적 대응을 준비한다.

클라우드 사업자는 보안을 강화하기 위해 위에서 설명한 암호화, 가상 LAN, 방화벽 같은 기술적인 부분에 대해서 최고의 수준을 유지하고 있고, 지속적인 기술 개발과 투자가 이루어지고 있다. 그러나 상대적으로 우리 기업들의 보안 상황은 열악하다. 보안 관련 투자는 소극적으로 이루어지고, 심지어 기업 내에 보안 전문가도 보유하고 있지 못한 기업이 많다.

기업은 클라우드 도입과 상관없이 자체 보안 역량을 갖추고 있어야 하고, 보안 관련 프로세스를 만들고 보안 관련 시스템을 도입하고, 이를 운영하여 보안 수준을 높여야 한다. 자체 역량이 확보되지 않은 상태에서는 전통적인 IT 환경이던, 클라우드 환경이던 보안 위협에 노출될 수밖에 없다. 따라서 국내 기업보다 높은 보안 수준을 유지하는 클라우드 사업자와 협력을 통해 기업의 보안 수준을 한 단계 높이는 것이 현실적인 방법이다.

보안 운영이 보안의 핵심이다. ☁️

보안 체계를 만들고 다양한 보안 기술을 적용하더라도 보안 사고는 발생을 하는데 그 원인을 분석해 보면 대부분 운영적인 측면이다. 즉, 사람의 문제이다. 부실한 패스워드 관리, 사용자에게 과다한 권한 부여 등으로 허가받지 않은 데이터에 접근해서 사고로 연결된다. 철저한 보안 수준을 유지하기 위해서는 보안 프로세스를 만들고, 최고의 보안 기술을 적용하는 것도 중요하지만 철저한 운영이 중요한 것은 이 때문이다.

보안 프로세스는 보안 업무 지침서이다. 보안 체계를 유지하기 위해서 기업의 각 구성원이 해야 할 일과 하지 말아야 할 일을 정의해 놓고, 각 업무의 절차와 권한과 책임을 기술해 놓은 규정이다. 예를 들어 개인정보 보호를 위해 작업장으로 저장 장치의 반입을 금지하고, 모든 작업에 대해서 작업 일지를 작성하는 것이다. 보안 업무에 필요한 규정을 만들어 놓은 후에는 이를 준수하는지 지속적으로 모니터링이 필요하다.

보안 프로세스에 따라 보안 운영은 아래와 같은 순차적인 단계로 구축된다. 1단계에서 막고, 그럼에도 불구하고 1단계를 통과하면 2단계에서 막고 하는 방식으로 점차 보안의 단계를 높여 나간다.

1단계 물리적 보안

보안 게이트를 설치해서 허가 받지 않은 사람의 출입을 통제하고, 허가 받지 않은 외부 PC의 반입과 네트워크 연결을 막는 가장 기본적인 보안이다.

2단계 접근 제어

네트워크 보안으로 방화벽, 모니터링을 통해 특정 지역이나 PC의 접근을 금지하게 하거나, 허가 받지 않은 사용자가 들어왔을 경우, 인증을 통해 개개인을 확인하는 과정을 거친다. 가장 단순한 ID와 password 방식부터 생체 정보를 이용한 보안들이 있다.

3단계 권한 제어

허가 받지 않은 사람이 허가 받은 사람으로 사칭하고 들어온 상황이라면 그 다음으로 막는 방법은 개인별 권한 제어를 통해 피해를 최소화 하여야 한다. 예를 들어 인사자료는 인사부서만 보게 하고, 재무자료는 재무부서 담당자만 보게 만드는 것이다. 이 경우, 재무부서의 사용자를 도용하여 시스템에 접근하더라도 재무 관련 데이터에는 피해가 발생하지만 인사 관련 데이터는 보호할 수 있기 때문이다.

4단계 실시간 모니터링

예를 들어 특별한 재무 관련 작업이 없는데 누가 재무 정보를 USB로 저장하는 명령을 내렸다면 분명히 위험한 행동이다. 또는 특별한 이유 없이 인사 정보를 삭제하는 명령을 내렸다면 담당자가 하였더라도 매우 비정상적인 상태이다. 이 경우, 자동으로 툴을 통해 특이 사항을 모니터링하고 있다가 명령 수행을 중단하고, 담당자가 관련 부서에게 경고를 보내고, 해당 부서에서 정상적인 업무인 것이 확인이 되면 계속 수행이 되지만 그렇지 않으면 명령 수행을 거부하게 한다.

5단계 사후 대응

일반적으로 우리가 생각지도 않은 방식으로 보안 사고가 발생한다. 이 경우, 실시간 모니터링 시스템에서도 확인이 되지 않는다. 따라서 최선을 다해 사고 예방을 하지만 어쩔 수 없이 사건이 발생하면 그 이후에는 원인을 찾고 범인을 잡기 위한 방안을 마련해 두어야 한다. 예를 들어 모든 작업에 대해서 로그(log)를 남겨 놓아서 누가 언제 무슨 작업을 했는지 자동으로 기록한다. 또 사후에 원인 분석과 결과가 확인되면 재발방지할 수 있도록 보안 프로세스나 보안 운영 시스템을 정비해야만 동일한 사건이 발생하지 않는다.

보안 프로세스를 철저하게 만들고 첨단 보안 기술과 시스템을 적용하더라도 보안 운영에서 제일 중요한 것은 직원들의 책임감과 애사심이다. 직원들이 자신의 일을 충실하게 수행하는 것이 수억짜리 보안 장비보다, 고도의 지능을 가지고 데이터를 분석하는 시스템보다 중요하다.

VIP를 경호하는 장비와 시스템을 아무리 동원하더라도 비상상황에 VIP를 위해 자신의 몸을 던지는 경호원이 없다면 보안은 성공하지 못하는 것과 같다. 보안 사건이 일어나지 않았다고 보안부서의 규모를 축소하거나 직원들에게 보안 의식에 대한 교육을 소홀히 하지 말고, 보안 사고와 이슈가 없더라도 보안부서뿐만 아니라 전 직원이 회사에 대한 책임감과 자부심을 가지고 일할 수 있도록 격려와 지원이 필요하다.

<관련 기사>
• 2014년 12월 22일, "정치권 싸움에 ··· 잠자는 클라우드 특별법", 중앙일보,
http://news.joins.com/article/16752941

 기사 요약 ········

선진국보다 크게 뒤떨어져 있는 클라우드 산업을 육성하기 위해서 정부
에서 '클라우드 컴퓨팅 산업 활성화를 위한 특별법(클라우드 특별법)'을 제정하
게 되었다. 이 내용을 보면 정부 기관, 대학 같은 공공기관들의 클라우드
사용을 늘리고, 클라우드 확산에 장애가 되는 제도를 개선하고, 클라우드
관련 기술 개발과 인력 양성을 주목적으로 하고 있다.

사실 우리나라의 공공기관의 클라우드 사용은 복잡한 규제와 관련 기업들
의 이해관계로 인해 복잡한 법적 요건으로 막혀있다. 사실 클라우드 도입으
로 인해 인프라 비용과 운영 인력 절감으로 막대한 세금을 절약할 수 있는
방안에도 불구하고, 공공 분야의 클라우드 활용은 거의 전무한 실정이다.

그러나 국회에서 클라우드 특별법이 심의 과정에서 보안과 관련된 이슈
로 또 다시 어려움을 겪고 있다. 즉, '공공 부문의 클라우드 컴퓨팅 서비스
에서 침해사고가 나면 서비스 제공자가 즉시 국가정보원장에게 통지하도록
할 수 있다'는 조항이 문제였다. 국정원의 클라우드 서비스에 대한 감시가
가능하다는 부분이다. 결국 이 부분이 삭제되는 것으로 마무리 되는 듯 하
였으나 카카오톡 검열 논란 사태가 벌어지면서 국회 내에서 정부 영역에서

는 클라우드 보다는 직접 서버를 구축해 사용하는 게 보안에 안전하다는 의견이 나왔다.

그러나 전문가들의 견해는 클라우드가 오히려 보안에 안전하다고 판단한다. 즉, 클라우드는 정보 입·출이 모두 기록되는 특성이 있어 정보기관이나 수사 기관조차 편법 접근 시도 자체가 불가능하고 특정 장소에다 서버를 모아놓고 집중시켜 관리한다는 건 데이터 사용량이 기하급수적으로 늘어나는 사물인터넷 시대 '초연결 사회'에서는 불가능하다.

우리나라와 달리 해외에서는 정부차원에서 클라우드 산업 발전을 위해 활발히 지원이 이루어지고 있다. 미국 정부는 지난 2010년부터 연방정부의 클라우드 도입을 권고하는 클라우드 우선 정책을 시행하고 있고, 특히 국가 정보기관인 중앙정보국(CIA)이 아마존과 대규모 계약을 통해 클라우드 서비스의 사용을 확대하고 있다. 더그 울프 CIA 최고정보책임자는 "정보기관 임무는 나날이 복잡해지기 때문에 아마존이 보유한 최고의 기술이 필요하다"고 말했다.

클라우드에 대한 보안에 대한 비생산적인 논의가 지속되는 사이에 국내 클라우드 산업이 점점 경쟁력이 떨어지는 것을 우려하는 목소리도 있다.

이번 장을 마치며 ☁

- 기존의 IT 환경이나 클라우드 환경은 트래픽 도청, 악성 중개자, 서비스 거부, 과도한 권한 부여 같은 동일한 보안 위협에 노출되어 있다. 이들 위협은 클라우드 환경이라고 더 확대되지 않는다.

- 클라우드 보안을 강화하기 위해서는 기술적 보안 체계를 구축하여 자동화된 보안 운영을 해야 한다. 그래야 수작업에서 오는 실수나 지연을 막을 수 있다.

- 기술 보안을 위해서는 서버, 데이터, 네트워크, 개인정보, 접근 제어 등의 툴을 도입하고 보안 모니터링을 시행하여 24시간 감시 체계를 구성해야 한다.

- 아무리 보안 기술을 높인다고 하더라도 완벽한 운영이 이루어지지 않으면 보안 사고는 발생한다. 물리적 보안부터 사후 대응 체계까지 단계별 보안 대책을 수립해야 한다.

- 보안의 최종 보루는 직원들의 책임감과 애사심이다. 직원들에게 꾸준히 보안 의식을 높이기 위한 교육과 보안부서가 자부심을 가지고 일할 수 있도록 지원해야 한다.

기업 클라우드의 성과 측정과 확대 적용

클라우드 전략 수립부터 실행까지 완료되면서 기존의 IT 환경이 클라우드로 전환되었다. 또 운영에 대한 준비를 통해 순조롭게 클라우드를 통한 IT자원의 조달이 이루어졌다. 이때 다시 한 번 클라우드 전환 목표를 실제 운영을 통해 달성했는지 확인하는 작업이 필요하다.

과거보다 안정적인 운영이 이루어지고 있는지, 운영비용은 크게 절감이 되었는지 확인해야 하고 이를 경영진에게 보고해야 한다. 그래야만 클라우드 전환이 탄력을 받고, 기업 내의 지원도 늘어나게 될 것이다. 이 장에서는 클라우드의 성과를 측정하는 것과 확대 적용하는 과정에서 고려해야 할 사항을 다루고자 한다.

운영 품질에 대한 클라우드 사업자의 약속 SLA ☁

SLA(Service Level Agreement)는 클라우드 사업자가 제공하는 서비스의 수준을 약속하는 계약 문서이다. 클라우드 계약이 물건을 납품하는 계약이 아니라 보이지 않는 서비스를 제공하는 것이기 때문에 명확한 SLA가 없으면 낮은 품질의 서비스를 제공 받더라도 클라우드 사업자에게 항의할 근거가 없다. 따라서 클라우드 사업자에게 서비스의 운영에 대한 책임을 명확하게 지우기 위해서는 클라우드 사업자와 SLA 지표를 선정하고 이들 지표의 목표 값을 합의해야 한다.

공공용 클라우드 서비스는 서비스 사용 전에 SLA에 대한 합의가 있어야 서비스가 제공된다. 서비스를 사용한 후에는 고객은 SLA에 나와 있는 조건에 따라 비용을 지불한다. 사실 고객의 입장에서 클라우드 사업자가 어떤 장비를 쓰고 어떤 기술을 사용하는지 관심이 없다. 단지 제공되는 서비스의 수준과 품질에만 관심을 갖고 있다. SLA는 클라우드 사업자가 제공할 서비스가 무엇이고, 만일 이 서비스를 제공하지 못하면 어떤 벌칙(벌금)을 받을지 정해 놓는다.

사설용 클라우드의 경우에는 SLA의 계약 당사자가 같은 기업 또는 이미 계약이 있는 협력 회사이기 때문에 SLA의 내용이 세밀하지도 않고, 벌칙 조항도 없거나 약하다. 왜냐면 사설용 클라우드의 경우 운영 권한이 상당 부분 고객 기업에 있기 때문에 서비스 수준과 품질이 낮아지면 고객 기업의 IT 담당자가 책임을 갖기 때문이다.

SLA 지표는 아무 것이나 정할 수 없고 다음과 같은 특징이 있는 지표로 정한다.

1) 숫자로 표현되고 항상 측정이 가능하고, 지표의 의미가 해석 가능해야 한다. '원활한 서비스'처럼 숫자로 표현되지 못하고, 측정이 불가능한 지표는 사용하면 안 된다.

2) 시간이 흘러도 같은 의미를 가진 지표이어야 과거 대비 현재의 서비스 수준이 개선되었는지 확인이 가능하다. "평균 사용량 대비" 같은 용어는 상황에 따라 다른 해석이 되므로 사용하지 않는다.

3) 지표는 표준화되어 있어 클라우드 업체 간 같은 지표로 비교가 가능하다. 예를 들어 가상 서버의 사양이 업체별로 다른 단위를 사용하므로 가능하면 통일된 단위로 표현될 수 있도록 하는 것이 바람직하다.

클라우드 서비스에서 통용되고 있는 SLA 지표는 아래와 같다.

가용성

서비스가 끊임없이 안정적으로 제공되는지를 측정하는 지표이다. **가동률**은 '총 가동시간 / 총 서비스 계약 기간'으로 계산되며 99.99%의 가동률이라면 1년에 50분 정도의 중단만 있는 서비스로 매우 안정적인 서비스라 할 수 있다. 또 다른 지표로 **최대 서비스 중지 시간**은 서비스 계약 기간 중 가장 오래 서비스가 정지한 시간이다.

신뢰성

　문제점을 발생시키지 않고 서비스가 제공되고, 문제점이 발생했을 때에 잘 해결되었는지 측정하는 지표이다. **평균 고장 간격**은 연이은 서비스 실패 사이 시간으로 긴 기간일수록 안정적인 서비스이다. 평균 고장 간격이 30일 이라면 평균 1달에 한 번씩 장애가 발생한다는 의미이다. 또 **신뢰율**은 서비스를 테스트 했을때에 서비스가 정상 동작되는 비율을 의미한다. 신뢰율 99.99%는 10,000번을 정상동작 되는지 테스트 했을 때에 9,999번은 성공이고, 1번의 실패만 있다는 뜻이다.

성능

　용량, 응답시간 같은 성능에 관련된 지표이다. 예를 들어 네트워크 용량은 초당 100MB, 스토리지 용량은 1TB, 서버 용량은 CPU 개수, CPU 주파수, RAM 크기 등 서버 사양을 기술한다. 응답 시간 관련해서는 웹 애플리케이션의 용량으로 분당 100만 트랜잭션을 처리, 사용자 입력에 반응하는 시간인 응답시간을 5ms 같이 정한다.

확장성

　클라우드 수요의 변화에 따라 얼마나 유연하게 정해진 용량과 시간 내에 확장이 가능한지 측정하는 지표이다. 예를 들어 스토리지 확장성 지표로 1시간 내에 스토리지 확장 또는 축소를 100GB 단위로 정하거나, 서버 확장성 지표로 3시간 내에 가능한 서버 확장 대수를 100대로 정한다.

복원력

어떤 서버가 문제가 발생하여 다른 서버로 서비스를 교체 또는 이전하고, 정상 가동되기까지 걸린 시간을 측정한다. 장애 시 1시간 내에 서버 교체 같이 표현된다.

이러한 항목에 대해서 클라우드 사업자와 협의를 통해 지표와 목표치를 설정한다. 이렇게 만들어진 SLA은 클라우드 서비스 계약서에 표현되는데 일반적으로 클라우드 서비스 계약서는 다음과 같은 내용으로 작성된다.

1. **개요(Overview)**: 계약 당사자를 확인하고, 제공되는 서비스를 설명한다.

2. **작업의 범위(Scope of Work)**: 고객에게 제공될 서비스들을 상세하게 기술한다.

3. **성과의 측정(Performance Measures)**: 계약 기간 동안 측정될 지표를 선정하고, 이에 대한 측정방법을 기술한다. 앞서 설명한 항목들이 여기에 기술된다.

4. **문제점 해결관리(Managing Problem Resolution)**: 문제 발생 시 이를 알리고, 해결하기 위한 절차를 기술한다. 이를 통해 문제 발생 시 신속히 대응할 수 있으며, 문제 해결이 잘 이루어지지 않으면 책임 소재도 이에 따라 정해진다.

5. **요금 구조(Fee Structure)**: 지불 조건과 지불 방법들에 대해서 기술한다. 실제 사용한 자원에 따라 어떻게 비용이 계산되는지 기술하고, 사용 규모에 따르는 비용 할인도 기술한다. 또한, 가격 지불 방식도 합의를

해서 주별, 월별, 년 단위 정산 또는 선불 방식으로 요금 체계를 합의한다.

6. **고객의 의무사항(Customer Obligations)**: 클라우드 사업자가 최상의 서비스를 제공하기 위해서 고객이 필요한 정보를 제공해야 할 의무가 있다. 클라우드 사업자는 이 부분에 안정적인 서비스를 위한 고객 기업의 협조 의무를 명확히 한다.

7. **보증(Warranties)**: 클라우드 사업자가 계약 의무를 이행하지 못할 때에 이에 대한 책임을 기술한다. 예를 들어 서비스 중단이 되면 중단 시간에 따라 요금의 할인 같은 조건을 기술한다. 과다한 책임 규정을 정하는 것은 결국 서비스의 질을 떨어지게 만드는 결과를 얻는다. 따라서 보증은 피해 보상보다는 문제 예방을 위한 방안에 집중해야 한다. 과다한 보증은 결국 보수적인 운영과 서비스 비용의 증가로 나타난다.

8. **보안(Security)**: 클라우드 사업자가 고객 기업의 서비스와 정보를 보호하기 위해 수행해야 할 의무와 절차를 기술한다.

9. **규제 준수(Compliance)**: 클라우드 서비스를 제공하는데 있어 각 국가의 규제에 대해서 어떻게 대응할 것인지, 문제가 발생 시 어떻게 처리할 것인지 기술한다.

10. **지식재산권(Intellectual Property)**: 클라우드 서비스 제공 과정에서 발생하는 지적 재산권 분쟁에 대해서 대응 주체와 책임 한도에 대해서 기술한다.

11. **책임의 면제(Liability Protection)**: 클라우드 사업자가 계약 기간 중 발생

한 문제 중에서 면책되는 조건을 기술한다.

12. **정기적인 검토(Regular Review)** : 계약 기간 동안에 주기적으로 서비스 상황과 문제점에 대해서 논의할 수 있는 협의체를 정의한다. 매주 운영 보고서를 제출하고, 분기별로 양사 책임자 간의 운영 평가 회의를 개최할 수 있다.

13. **종료(Termination)** : 계약이 종료되는 시점과 종료 절차에 대해서 기술한다. 만일 데이터의 이전이나 과거 서비스 관련 자료의 삭제 같은 종료 조건도 반드시 포함시켜야 한다.

14. **실행(Implementation)** : 서비스 준비, 착수 등에 중요 일정을 정하고, 각 단계별 산출물을 정의한다.

클라우드를 통한 경영 성과는 운영에서 증명된다.

클라우드 전환되고, 어느 정도 운영 경험이 쌓이면 클라우드 전환에 대한 결과에 경영진이 관심을 갖는다. 사실 클라우드 도입 당시 경영진에게 클라우드 전환으로 생기는 기업의 경영 성과에 대해서 적극적으로 설득하였고, 이를 받아드려 클라우드 전환이 추진되었다. 따라서 운영 단계에 들어가서 성과가 나오면 잘 준비해서 이를 경영진에게 보고하고 피드백도 받아야 하는데 이런 활동을 하는 기업이 많지 않다. 이러한 이유는 클라우드 전환 성과를 측정하기 어려울 뿐만 아니라, IT부서가 경영진을 설득할 자신이 없기 때문이다.

그러나 클라우드 전환의 성과가 기업 내부에 공유되지 않는다면 클라우드에 대한 의구심이 생기고, 결과적으로 클라우드 전략 추진도 어려워지고, 최악의 경우 IT부서에 대한 불신과 불필요한 투자에 대한 책임 추궁이 있게 되어 클라우드 전략이 중지되는 사태도 발생한다. 분명히 클라우드 전환은 IT 기술과 기업 경영의 흐름이고 클라우드 도입으로 기업의 큰 성과가 발생하는 것은 분명하다. 그렇다면 어렵고 힘들더라도 IT부서가 적극적으로 그 성과를 분석하고 이에 대한 적극적인 홍보를 추진해야 한다.

클라우드 전환의 성과는 아래와 같이 크게 재무적인 부분, 개발적인 부분, 운영적인 부분에서 측정할 수 있다. 신사업 지원, 사업의 민첩성 같은 부분도 매우 중요한 성과이나 측정하기 어려운 부분이라 제외하였다.

재무적인 성과

- 하드웨어 및 소프트웨어 구입과 유지 보수 계약 비용의 변화 : 과거 일시적으로 대규모 자본을 투자하여 IT 장비와 SW 구매에 들어간 비용은 투자로 처리하고 몇 년에 나누어서 감가상각을 했다. 클라우드 전환으로 이 비용 자체가 없어지고 운영비용으로 일정 기간마다 정산하였다. 이 금액을 비교한다.
- IT 운영비용의 절감 효과 : 그 동안 IT자원을 구동시키고 유지하는데 지출한 비용으로 인건비, 전기료, 보험료 등이 있었는데 클라우드 전환으로 이 비용들이 얼마나 절감되었는지 분석한다. 이 부분이 클라우드 전

환의 성과를 확실하게 증명하기 매우 쉬운 방법이다.

- 컨설팅, SI, 운영 등 개발 관련 외주 비용 : 클라우드 전환 프로젝트가 진행된 해당 년도에는 기존의 환경에서 클라우드 환경으로 이전하기 위한 개발과 기존 시스템과의 통합과 테스트에 드는 비용이 발생한다. 따라서 일시적으로 비용이 증가되는 것으로 보인다. 그러나 과거에도 매년 적지 않은 비용이 시스템 개선에 투입되었다는 것을 보이고, 향후 클라우드 전환을 통해 개발 관련 비용이 감소할 것을 설득한다.

기술적 성과

- 기술 표준화 : 클라우드 전환으로 아키텍처를 설계하고 이에 따라 이전을 진행하게 됨에 따라 내부 기술 표준화가 이루어졌다는 점을 강조한다. 이로서 중복된 기능은 제거되었고, 시스템의 복잡도를 감소시켜 성능 향상과 유지 보수가 용이해 졌다.

- 개발 속도 개선 : 시스템 통합 과정에서 일어난 개발과 테스트 작업의 속도 개선과 현업 부서의 개선 요구사항이 시스템에 반영되는 기간이 줄어든 것을 보여 클라우드 전환으로 현업 대응 속도가 크게 개선된 것을 설득한다.

- 인력 효율화 및 고도화 : 과거 대부분의 인력이 투입되었던 단순 운영 업무가 대폭 축소되었고, 클라우드 전환으로 확보된 인력으로 인프라 고도화와 애플리케이션 개발에 투입되었다는 점을 설득한다.

- 최신 기술의 활용 : 클라우드 전환 이후 새로운 기술이 쉽게 시스템에 구

현되고, 시스템을 통해 사용자에게 제공되었다는 점을 설득한다. 개발과 운영을 같이 수행하는 데브옵스(DevOps) 개념이 쉽게 적용될 수 있음을 보인다.

운영적인 성과

- 성능 향상 및 장애 발생 빈도의 변화 : 클라우드 전환 이후에 개선된 성능과 장애가 감소한 것을 설득하여 사업적 기회 손실이 줄고, 고객의 신뢰가 높아진 점을 설득한다.
- 장애 발생 시 문제 해결 시간의 개선 : 상시 모니터링 체계와 신속한 문제 대응 능력으로 인해 기업의 IT 대응 능력이 높아진 점을 설득한다.
- 글로벌 통합 서비스 : 클라우드를 통해 자연스럽게 글로벌 서비스를 위한 인프라가 확보되어 글로벌 사업에 대한 IT 지원이 용이해졌다.
- 서비스 수준 협약(SLA) 기반의 운영 : 운영에 대한 목표 설정이 가능해 지고, SLA 기반의 예측 가능하고 전문적인 운영이 이루어졌다.

클라우드 확대 적용 시 고려해야 할 사항

성공적으로 1차 과제가 종료되고, 이를 통해 측정 가능한 성과가 나오면 클라우드를 확대 적용하기 위한 방안을 고민한다. 1차 과제보다 발전된 2차 과제를 확대 진행하기 위해서는 조금 더 높은 수준의 난이도가 있는 이슈를 만난다. 아래 나열하는 이슈들은 대부분의 기업이 처음에는 생각하고 있지 않다가 나중에 문제가 발생하면 해결에 어려움을 겪게되는 부분이다. 이제 내부 IT 역량이 증가하였다면 이런 난이도 높은 문제에 대해서 고민하고 대책을 마련해야 할 것이다.

국가별 규제 및 컴플라이언스(Compliance)

클라우드 도입으로 자연스럽게 글로벌 서비스는 가능해졌다. 그러나 각 나라마다 국가별 IT 관련 법규가 존재한다. 예를 들어 중국의 경우, 중국 외부 서버를 통한 중국내의 클라우드 서비스는 금지되어 있다. 따라서 중국 내에 서버들이 존재해야 한다. 이런 점을 확인해서 서비스 국가별 서비스 정책을 세워야 한다. 또 서비스 관련 각종 법규 지침 등의 준수 여부를 상시 검증하고, 새로운 규제에 대한 대응책을 마련한다.

SLA에 대한 개선

클라우드를 처음 도입하는 시점에서는 클라우드 사업자가 제시하는 SLA로 계약을 한다. 그러나 이제는 운영 경험이 쌓였으므로 SLA에 대한 항목의 세부 검토가 있어야 한다. 비용이 더 들더라도 고성능 장비를 도입하여 가용성을 높여야 할지 검토하고, 데이터 백업에 대한 주기를 더 짧게 가져갈지 SLA의 항목의 추가와 목표치 수정을 고민해야 한다.

사업자 종속

단일 클라우드 사업자로 운영할 경우, 리스크가 존재한다. 예를 들어 해당 사업자와 협상에서 주도권을 클라우드 사업자가 가져갈 가능성이 높다. 즉, 가격이라든지 성능이 만족하지 못하더라도 이를 받아들일 수밖에 없는 일이 발생한다. 또한 기술적으로 특정 클라우드 서비스에 최적화된 서비스를 개발하면 여러 클라우드 서비스를 혼용하여 사용하기 어렵다.

이러한 측면에서 클라우드 서비스는 특정 벤더, 기술에 종속되지 않는 서비스를 개발하고, 운영하는 것이 바람직하다. 그러나 기술적인 이유, 계약적인 이슈로 단일 사업자로 가져간다면 장기적으로 사업자 종속을 해결하기 위한 대책이 필요하다. 즉, 클라우드 서비스 간 이동을 쉽게 하도록 중립적인 기술을 사용하여 비교적 적은 노력으로 다른 사업자로 전환할 수 있게 아키텍처를 수정하고 개발해야 한다.

〈관련 기사〉
- 2015년 2월 24일, "행간의 의미를 간파하라! 클라우드 SLA의 함정", CIO Korea, http://www.ciokorea.com/news/24152?page=0,0
- 2012년 1월 26일, "[서광규의 스마트클라우드]〈4회〉클라우드 SLA", 전자신문, http://www.etnews.com/201201250015
- 2015년 9월 25일, "가비아 'g클라우드', 서비스 품질기준(SLA) 99.9%로 강화", IT 동아, http://it.donga.com/22491/

기사 요약

SLA는 클라우드 사업자와 이용 기업 간 체결하는 서비스 수준에 관한 계약으로, 지표가 높을수록 서비스 품질이나 안정성, 장애 보상 기준이 높아짐을 의미한다. 사실 많은 클라우드 사업자가 높은 SLA를 제시하면서 장애가 발생할 경우에 대한 보상 이야기를 하지만 보상보다는 무중단, 무장애를 유지하는 것이 더 중요하다.

따라서 높은 보상 기준 보다는 클라우드 사업자가 SLA를 준수하기 위해 전문 인력을 확보하는지, 고도의 시스템이나 툴을 확보하는지, 신속한 문제 대응 체계를 구축하는지 파악하는 것이 더 중요하다.

이를 위해서는 클라우드를 사용하는 기업이 계약 단계부터 SLA에 대한 꼼꼼한 검토와 기업에 맞는 SLA를 포함시켜 계약해야 한다. 또한 운영 단계에서 SLA 위반이 발생하면 즉각 클라우드 사업자에게 보고하고, 문제 원인과 해결책, 재발 방지 대책을 받아 내야 한다. 그리고 SLA에 대한 지속적인 관리를 통해 서비스 상황이 변화함에 따라 SLA를 조정해 나가야 한다.

이번 장을 마치며

- 클라우드 전환에 따른 성과 측정과 공유는 클라우드 적용 범위를 확대하고 기업 내부의 지원을 받는데 중요하다.
- 클라우드 사업자와 체결하는 SLA는 클라우드 서비스의 품질을 보증하는 약속이고, 클라우드 성과 목표 달성을 위한 시작이다.

- 클라우드 성과 지표는 가용성, 신뢰성, 성능, 확장성, 복원력 등으로 표현되며 이들 지표는 측정 방법이 명확하고 숫자로 표현되어 성과 달성 여부를 항상 확인할 수 있도록 한다.
- 클라우드 도입으로 인한 경영 성과는 비용 절감 같은 재무적인 성과, 개발 속도 향상 같은 기술적인 성과, 장애 감소 같은 운영적인 성과 등으로 표현될 수 있다.
- 클라우드를 확대 적용하기 위해서는 국가별 정책, 클라우드 사업자와 SLA를 개선하는 노력이 지속적으로 필요하고, 장기적으로 일부 클라우드 사업자에 종속되는 문제에 대해 대책이 필요하다.

Chapter 13

기업 클라우드의 새로운 응용과 미래

기존의 IT 환경에 있었던 시스템들이 클라우드 환경으로 이동하였다. 이들 시스템에는 ERP, 그룹웨어, CRM 등 기업 경영에 필수적인 시스템도 포함될 수 있으며, SW 제품 개발에 필요한 프로그램 개발 환경과 테스트 환경도 클라우드에 적합하다. 특히 기업 홈페이지, 전자 상거래 사이트, 고객 센터 같은 대 고객 시스템은 클라우드 전환으로 성능과 안정성 측면에서 큰 효과가 있다. 기업의 클라우드의 활용은 기존의 서버를 활용한 모든 인터넷 시스템이 가능하다.

이번 장에서는 클라우드를 활용한 새로운 응용을 다루고자 한다. 과거 기업의 IT 환경에서는 불가능한 응용이었지만 클라우드가 제공하는 대규모 IT 자원과 이들 자원을 자유롭게 확장 축소할 수 있는 기능으로 과거에 생각하지 못한 사업이 가능해졌다. 대표적인 사업으로는 최근의 이슈가 되고 있는

Big Data와 IoT 사업이다. 이들 사업은 과거에도 이론적으로 존재하고 있었으나 대규모 IT자원을 확보할 수 없어 경제적인 가치가 없어서 활성화가 되지 못하고 있었다. 그러나 클라우드 환경이 보편화 되면서 Big Data와 IoT 사업이 활성화가 되면서 상업적 성공을 하는 기업이 나오고 있다.

또 다른 주제로 클라우드의 미래를 다루어 보고자 한다. 클라우드 기술은 계속 발전하고 신기술이 계속 발표되고 있다. 지금까지 나온 기술 중에 미래의 클라우드로 인정받는 기술과 사업은 컨테이너와 이를 이용한 클라우드 서비스 브로커 사업이다. 클라우드의 미래로 클라우드 서비스 브로커를 다루고자 한다.

Big Data와 클라우드 ☁

과거 전산학에서 Very Large Database라는 용어를 사용하고 있었다. 이 의미는 기존의 IT 시스템으로 다루기 힘든 크기의 데이터베이스라는 의미이다. 이런 의미가 상업적인 용어로 Big Data라고 만들어지게 되었다.

Big Data가 탄생하게 된 배경에서는 통신 기술의 발달로 상상하기 어려운 규모의 데이터가 만들어지게 된 것이다. 매일 사용하는 스마트폰을 생각하더라도 매일 통화하면서 생기는 음성 데이터, 주고받는 문자 데이터, 정보나 추억을 위해서 만드는 사진 데이터는 물론이고, 내가 즐겨 듣는 음악 리스트, GPS를 통한 내가 움직인 동선, 관심 있는 맛집 리스트 등 수많은 데이터들이 만들어지고 전송되고 있다.

이러한 데이터가 만들어지게 되었지만 과거에는 그 많은 데이터 안에 큰 가치가 있음에도 불구하고 대규모 데이터를 저장하고 처리하는 방법이 없어 그냥 버려지고 있었던 것이다. 그러다가 클라우드 환경이 보편화되면서 이들 데이터를 수집하고, 분석하여 의미 있는 정보나 통찰력(insight)을 추출하는 Big Data가 새로운 산업으로 각광을 받게 되었다.

즉, 실시간으로 수집되는 대규모 데이터를 클라우드 환경에 저장해 놓고, 과거 슈퍼컴퓨터로만 처리가 가능했던 연산을 클라우드가 제공하는 대규모 IT자원을 활용하여 단기간에 처리가 가능하게 되었다. 따라서 이론적으로만 가능했던 서비스가 클라우드를 통해 실제 서비스로 제공이 가능하게 된 것이다. 이처럼 앞으로 클라우드를 활용한 새로운 Big Data의 응용이 계속 출시될 것으로 예상된다.

Big Data의 특징은 3V라고 Volume, Variety, Velocity로 정의한다.

크기(Volume)

Big Data에서 다루는 데이터는 기존 IT 환경에서 다루지 못한 대용량의 데이터이다. 클라우드 환경에서는 무한 확장을 통해 대규모 데이터의 저장이 가능하고, 무한 공급이 가능한 클라우드 인프라를 통해 대규모 데이터의 분석이 가능하여 Big Data의 저장과 처리가 가능해진다.

다양성(Variety)

Big Data에서 다루는 데이터는 기존의 IT 시스템에서 다루는 텍스트, 미디어 같은 정형화된 데이터뿐만 아니라 웹 페이지, SNS 내용, 시스템에서 발생하는 로그(log)등 다양한 형태의 데이터를 다룬다. 클라우드에서 제공하는 다양한 데이터 분석 엔진이 비정형 데이터를 분석할 수 있고, 대규모 인프라를 통해 복잡한 데이터 처리를 가능하게 한다.

속도(Velocity)

Big Data 분석은 기본적으로 실시간 또는 신속한 처리가 되어야만 의미가 있다. 주식 시세 예측, 신용카드 사기 거래, 실시간 마케팅 같은 분야는 단지 몇 분만 늦어져도 의미가 없는 분석이 되고 만다. 대규모 분석이 필요한 마케팅 전략 수립도 지금처럼 실시간 변화하는 시장 상황에서 1주일 이상이 걸리면 의미는 없다. 클라우드 환경은 필요할 때에 대규모 IT자원을 동원할 수 있고, 필요가 없으면 해지해서 더 이상 비용 지출이 일어나지 않도록 막을 수 있다. 따라서 실시간 분석이 필요할 시에는 대규모 자원을 동원하고, 분석이 끝난 후에 자원을 반납하면 그만이다.

클라우드를 사용한 기업의 Big Data 활용 분야는 아래와 같다.

의사 결정 지원

지금까지 기업은 철저한 데이터 분석보다는 경영진의 경험이 의사 결정에 영향을 많이 미쳤다. 사실 데이터를 통한 의사 결정을 하려고 하더라도 충분한 데이터가 축적 되지 않아 활용하는데 한계가 있었다. 이제는 Big Data를 활용하여 의사 결정의 근거로 활용할 수 있다.

예를 들어 두 개의 서비스 A안과 B안을 가지고 사용자가 무엇을 선호할 것인가 결정해야 한다면, 사용자 그룹을 둘로 나누어 두 서비스를 제공하고, 어떤 서비스를 잘 사용하고, 기획 의도대로 사용하였나를 데이터를 수집 분석하면 자연스러운 의사 결정이 가능하다.

마케팅 효과와 매출 증대

TV를 판매하는데 어느 지역 사용자가 많이 사는지, 또 어느 지역에서 TV를 산 고객이 실제로 TV를 많이 보는지 알 수 있다면 이 지역에 집중적으로 마케팅 활동을 해서 매출 증대 효과를 기대할 수 있다. 그러기 위해서는 TV가 설치된 위치, TV 사용 빈도에 대한 데이터를 수집 분석하는 Big Data 방법을 활용하면 이러한 활동이 가능하다.

고객 충성도 제고

고객에게 맞춤형 개인 서비스를 제공하면 고객은 그 서비스에 묶인다. 이런 효과를 lock-in 효과라고 한다. 내가 산 물건에 대한 정보를 기억하고, 내가 관심이 있을 만한 물건을 추천해 주고, 이들 물건을 가장 싸게 사는 방법을 제시해 준다면 고객은 그 서비스를 떠나지 않을 것이다. 이러한 활동을 가장 잘하는 기업이 바로 아마존이다. 또 각자 취향에 맞는 영화를 추천해 주는 서비스로 성공한 기업이 Netflix이다. 이런 기업이 Big Data 를 활용하여 사업에 성공한 대표적인 기업들이다.

신사업 개발

개인의 DNA 분석을 통해 맞춤형 치료 방법과 건강 관리법을 제안하는 연구가 진행된 적이 있다. 그러나 DNA 정보는 너무 크기 때문에 이를 분석하는 것은 많은 IT자원이 필요한 매우 비싼 서비스였다. 이제는 클라우드를 통해 DNA 분석이 빠르고 싸게 할 수 있게 되어 최근에 DNA 분석 사업이 상용화 되려고 하고 있다. 이와 유사하게 언어 번역, 머신 러닝 같은 신사업도 만들어지고 있다.

〈관련 기사〉
• 2016년 1월 13일, "사물인터넷·클라우드·빅데이터·모바일 기반 의료", 데일리 메디, http://dailymedi.com/news/view.html?section=1&category=3& no=802013
• 2015년 5월 12일, "KAIST – MS, 빅데이터 활용해 대한민국 전체 교통 예측 연구", IT 동아, http://it.donga.com/21145/

📝 기사 요약 ┈┈

클라우드를 활용한 Big Data 서비스의 응용 분야가 확대되고 있다.

먼저 의료 분야를 보면 사물인터넷을 통해 건강, 의료 정보의 실시간 수집이 가능해지면서 클라우드 서비스를 통해 안전하고 효율적인 의료정보의 저장 및 처리가 가능하다. 이렇게 모인 의료정보는 질병예측 및 맞춤형 의료서비스에 활용될 수 있다. 또한 질병 관련 데이터 수집과 분석을 통해 질병에 대한 대응력이 높아지며 의료비 절감, 환자 만족도 상승, 의료 서비스 향상이 이뤄질 것으로 예측된다. 그러나 아직은 규제로 인해 클라우드 기반 Big Data 의료 서비스가 확대되는 데는 법률적 제도적 장애물이 존재하고 있으나, 이에 대한 변화가 있을 것으로 기대된다.

또 다른 Big Data 응용 분야로는 교통이 있다. KAIST에서 교통 신호, 교통정보수집용 영상, 모바일 기기에서 수집되는 데이터 등 교통과 관련된 빅데이터를 분석하여 미래의 교통 상황을 예측하는 연구를 진행하고 있다. 그 동안 기술적, IT자원의 한계로 인하여 좁은 지역에만 국한했던 연구 규모를 클라우드를 적용하여 국가 단위로까지 확장시켰다. 클라우드를 활용하여 교통예측과 온라인 시뮬레이션 계산시간이 기존보다 75% 줄어들었으며, 하드웨어 구축 및 관리가 필요 없어 비용 효율이 높다. 또한 계산 속도도 혁신적으로 개선되었다.

IoT와 클라우드 ☁

IoT(Internet of Thing)은 일반적인 사물에 인터넷 기능을 추가하여 지금까지와 다른 사물의 가치를 제공하는 것이다. TV의 인터넷 기능, 냉장고에 인터넷 기능 같은 복잡한 기능도 있지만, 도어락, 체온계, 체중계 같이 늘 쓰는 물건이 인터넷과 연결되면 새로운 가치를 가진다.

IoT의 가치를 높게 평가하게 된 사건은 네스트랩스(Nest Labs)를 구글이 32억 달러(약 3조 6천억원)에 인수한 것이다. 이 회사는 인터넷 기능이 있는 온도조절기인 네스트 러닝 서모스탯(Nest Learning Thermostat)을 만들고 있었다. 어느 집에나 있는 온도조절기에 인터넷 기능을 넣었다고 회사의 가치를 그렇게 높게 평가한 것은 쉽게 이해가 되지 않는다.

IoT 온도조절기를 사용자 관점에서 보면, 사용자는 늘 온도조절기를 사용할 수밖에 없다. 외출할 때는 난방은 낮추고 돌아와서는 올리고, 날씨가 추워지면 올리고, 더워지면 내리는 귀찮은 일을 해야 한다.

서모스탯은 사용자의 온도 조절 습관을 학습하고, 집안에 사람이 있는지 확인하고, 내부의 온도 습도뿐만 아니라 외부 날씨 등을 조합하여 사용자가 가장 편안한 온도로 자동 조절한다. 또한 사용자에게 편안함을 주면서 난방비를 줄이기 위한 제어를 한다. 결국 사용자는 온도 조절에 신경 쓰지 않으면서 난방비도 절약된다.

아무리 이러한 서비스가 가치가 있다고 하더라도 이 회사의 가치가 32억 달러라는 것은 더욱 이해가 되지 않는다. 이것을 이해하기 위해서는 홈게이트웨이(Home Gateway)라는 것을 생각해야 한다. 가정 내에서 다양한 서비스가 필요하다. 난방뿐만 아니라 가전제품의 제어 같은 단순한 제어 기능뿐만 아니라 외부 침입으로부터 집을 보호하는 방범 기능, 가족의 건강을 지켜주는 헬스 기능도 꼭 필요한 기능이다. 이러한 서비스를 제공하기 위해서는 집안에서 데이터를 수집하고 분석하고 제어하는 장비, 즉 홈게이트웨이가 존재해야 한다. 구글은 네스트 랩스를 이러한 측면에서 평가한 것이다.

구글이 생각하는 가정의 인터넷 서비스는 홈게이트웨이가 구글 서버에 연결되어 있고, 홈게이트웨이를 통해 집안에서 일어나는 가전제품의 상태, 냉난방 상태, 전력, 가스 사용 상태뿐만 아니라 도어락, 감시카메라 등의 정보를 수집하고, 이들 정보를 분석하여 새로운 부가 서비스를 제공하는 것이다. 이런 관점에서 구글은 네스트 온도조절기의 부가 가치를 본 것이 아니라 홈게이트웨이로서의 가치를 판단한 것이다.

국내의 스타트업 중에서 IoT를 활용하여 새로운 가치를 만들어 내는 기업들이 많이 생기고 있다. 피부 상태와 외부 환경 관련 데이터를 수집 분석하여 최적의 화장품을 제안해 주는 서비스도 있다. 농장에서 온도, 습도, 햇빛의 양을 측정하여 농작물 관리 방안을 제안해 주는 기업도 있다. 늘 우리가 사용하는 사물이 인터넷을 만나면 또 다른 가치를 만들어 내게 되는 것이다.

클라우드와 IoT는 무슨 관련이 있는가? 수많은 센서에서 실시간으로 수집되는 데이터를 수집하는 것, 대규모 데이터를 분석하여 최적의 의사 결정을 내리는 것, 의사 결정에 따라 사물을 제어하고 상태를 모니터링 하는 것이 클라우드 환경이 제공되어 가능해진다.

클라우드를 이용한 IoT의 적용 분야는 아래와 같다.

홈케어

집안의 조명, 냉난방, 가전제품의 제어와 화재, 도난 등의 보안 서비스를 제공하는 것으로 집안 내에 설치된 1) 다양한 센서들의 데이터를 수집하고,

2) 이들 데이터를 홈게이트웨이를 통해 클라우드 환경으로 전송하고, 3) 클라우드에 있는 IT자원을 통해 분석된 결과를 홈게이트웨이에 전송하고, 4) 홈게이트웨이는 집안 내의 장비에 대해 적절한 제어나 조치를 한다.

헬스케어

몸무게, 운동량, 수면 등에 대한 건강 정보와 혈당량, 혈압, 맥박 등 환자 관리를 위한 정보를 수집 분석하여 건강을 증진하기 위한 방안을 제시하거나, 환자들의 상태에 따라 질병 관리 또는 긴급 상황에 대한 대처 서비스를 제공한다. 이들 정보는 주로 몸에 부착하는 웨어러블 기기를 통해 데이터가 수집되고, 이들 정보의 수집과 전송은 주로 스마트폰을 통해서 이루어진다.

헬스케어 관련 서비스가 활성화되기 위해서는 신속히 관련 법령의 정비가 필요한 상황이다. 건강 정보는 민감한 개인정보로 분류되어 인터넷을 통한 전송과 의료 기관 외부에 저장이 불허되어 있어 과거 IT 상황에는 맞지만 클라우드 환경에서는 맞지 않는 제도가 상당히 존재하고 있다.

최근 건강 정보에 대한 법령 개정이 추진되고 있어 이 결과에 따라 서비스의 활성화가 영향을 받을 것으로 예측된다.

제조

전자제품의 경우, 제품을 만들기 위한 수많은 부품들이 입고되고, 이들 제품이 조립되는 과정, 완성 제품이 만들어진 이후에 테스트 과정에서 많은 데이터가 발생한다. 화학제품을 제조하는 공정에도 많은 데이터들이 발생한다. 이들 데이터를 분석하고, 필요한 조치를 취하게 된다면 제품의 불량도 줄이고, 생산성을 높이는데 IoT 기술이 활용된다. 최근에는 스마트제조(Smart Factory)라는 분야가 만들어져 Big Data, IoT를 활용한 기술을 선보이고 있다. 스마트제조를 통해 제조 기업의 경쟁력을 높이기 위한 대규모 투자가 이루어지고 있다.

제조 분야의 IoT, 스마트제조에서도 대규모 데이터의 저장과 처리를 위해서 클라우드 환경을 사용한다. 제조 관련 데이터들은 기업 보안에 중요한 데이터이기 때문에 주로 사설용 클라우드 환경을 구축하여 활용한다.

〈관련 기사〉
- 2015년 11월 23일, "한전, 전력분야 사물인터넷 본격화", 에너지경제,
  http://www.ekn.kr/news/article.html?no=183934
- 2016년 1월 4일, "가전·빌딩이 알아서… 바뀌는 생활환경", 디지털타임스,
  http://www.dt.co.kr/contents.html?article_no=2016010402101060812001
- 2015년 10월 16일, "미래 변화의 열쇠, 사물인터넷", 매일경제,
  http://news.mk.co.kr/newsRead.php?year=2015&no=987914
- 2015년 4월 19일, "IoT·클라우드·빅데이터가 농작물을 키운다", 전자신문,
  http://www.etnews.com/20150417000154

기사 요약

최근 클라우드를 활용한 IoT 서비스 분야가 지속 확대되고 있다. 초기에는 가정 내의 가전 기기를 제어하는 스마트 홈으로 시작되었으나 이 기술이 점차 발전하여 빌딩 관리 분야로도 확대되고 있다. 산업적으로도 한전에서는 전력 분야에 IoT를 도입하여 에너지 효율성을 높이는 방법을 발표

하였다. 세계적으로 기존의 디바이스에 인터넷 기능을 추가하여 새로운 서비스를 만드는 흐름은 앞으로도 계속될 것으로 예측되고 있다.

특이한 사례로 IT와 연관도가 떨어지는 농업 분야도 IoT를 활용한 스마트 농장 프로젝트가 발표되었다. 즉, 농작물 생장에 필요한 최적 환경을 제어하고 관리할 뿐 아니라 농작물 생육 데이터를 수집·분석해 스마트 농업을 가능하게 하였다. 즉, 농작물이 자라는 모습을 카메라로 실시간 모니터링하고, 생육에 필요한 양분 제공, 조명 밝기조절 등을 모두 원격으로 제어할 수 있다. 이러한 시스템을 구축하는데 클라우드 기술이 중요하게 적용되었다. 클라우드를 활용하여 대규모 데이터의 수집과 분석과 디바이스의 제어를 클라우드 환경에서 구축하였다.

클라우드 서비스 브로커

클라우드 서비스 브로커(CSB : Cloud Service Broker)가 미래의 클라우드 서비스로 논의되고 있다. CSB는 다양한 클라우드 서비스를 통합하여 중앙 집중화된 서비스로 여러 조직이나 부서에 공급하는 클라우드 사업자를 말한다. CSB 사업자는 온프레미스, 사설용 클라우드, 공공용 클라우드를 통해서 제공받은 IT자원을 사용자에게 통합하여 제공한다.

통합하여 제공한다는 의미는 통합 포털 서비스를 통해 하나의 프로비저닝,

하나의 관리 시스템, 하나의 빌링 시스템을 통해 여러 IT자원을 관리한다는 의미이다. 이런 측면에서 국내의 CSB 사업은 초보 단계라고 볼 수 있다.

CSB 사업을 위해서는 앞서 설명한 클라우드 관리 시스템이 혼합형 클라우드 관리 시스템으로 확장되어야 한다. 확장되는 혼합형 클라우드 관리 시스템이 제공하는 기능은 아래와 같다.

통합 서비스 카탈로그(Catalog)

서비스 카탈로그는 사용자에게 제공하는 서비스들과 이들 서비스의 사양과 가격 등 서비스 관련 정보를 제공한다. 통합 서비스 카탈로그는 여러 클라우드 사업자들과 자체적으로 제공하는 모든 클라우드 서비스 상품을 하나의 서비스 카탈로그로 만들어 사용자가 하나의 시스템에서 확인하고 구매하도록 한다.

통합 업무 처리

업무 처리는 자동화된 툴로 사용자의 요청을 처리하고, 각 요청사항에 대해 담당자 배정, 진행상황, 처리 결과를 확인할 수 있게 한다. 통합 업무 처리는 각 클라우드 사업자가 제공하는 업무 내용과 방식이 다르더라도 통합된 업무 처리 환경을 제공하며, 사용자가 일관된 업무 진행을 가능하게 한다. 기업형 클라우드 서비스는 기업 내부의 업무 프로세스와 연동되어 동작된다.

통합 프로비저닝

사업자와 형태가 다른 클라우드 IT자원들이 통합 프로비저닝으로 IT자원의 확보, 사용, 종료의 모든 생명주기가 자동으로 관리된다. 특히, 하나의 클라우드 사업자에 문제가 생기면 다른 사업자로 클라우드 서비스가 이동되어 사용자 관점에서는 서비스 영향은 없다.

통합 빌링

가격 구조가 다른 여러 클라우드 서비스들의 사용량을 집계하여 통합된 빌링을 제공한다. 특히, 동일한 IT자원을 클라우드 사업자 간 효과적인 배정을 통해 비용을 절감할 수 있는 방안을 제시하는 것이 통합 빌링에서 중요한 기능이다.

여기서 혼합형 클라우드와 클라우드 서비스 브로커와의 차이가 궁금해진다. 혼합형 클라우드는 온프레미스를 포함하여 사설용 클라우드, 공공용 클라우드 서비스를 통합으로 제공하면 혼합형 클라우드 서비스라 할 수 있다. 이를 위해서는 통합된 클라우드 관리 시스템이 있어야 한다. 그러나 클라우드 서비스 브로커가 되려면 이것만으로 부족하다. 앞서 설명한 것처럼 지능적으로 서비스가 운영되어야 한다.

하나의 클라우드 사업자에 문제가 생겼다고 장애가 발생하는 것이 아니라 다른 사업자로 필요한 IT자원을 확보하여 서비스를 제공하여 끊임없는 서비스를 제공해야 한다. 빌링도 단순이 각 사업자의 요금을 취합하여 청구하는 것이 아니라 시장 상황과 클라우드 사업자의 상황에 따라 변화하는 가격과 사용하는 서비스를 최적으로 조합하여 비용 최적화를 할 수 있어야 한다. 사실 이러한 이유로 국내 클라우드 브로커링 사업은 걸음마 단계라고 할 수 있다.

혼합형 클라우드와 클라우드 서비스 브로커가 클라우드의 미래가 되면서 컨테이너(container) 기술이 관심을 받고 있다. 컨테이너는 클라우드 애플리케이션을 표준화한 패키지이다. 즉, 클라우드의 기본 단위인 가상머신에 OS와 애플리케이션을 묶어 하나의 표준화된 패키지로 만든 것이다.

부두에 가 보면 동일한 규격의 수많은 컨테이너가 쌓여져 있고, 어떤 선박이 오더라도 컨테이너를 하역하고, 새로운 컨테이너를 선적하는 작업을 할 수 있고, 운반 트럭도 컨테이너에 맞게 설계되어 편하게 이동이 가능하다.

클라우드 환경에서도 컨테이너의 의미는 동일하다. 하나의 애플리케이션이 컨테이너로 패키지화되어 있다면 컨테이너를 지원하는 어떠한 클라우드 서비스 간에 아무런 수정 없이 이동이 가능하다. 컨테이너 기술이 중요하게 된 것은 혼합형 클라우드 환경에서 컨테이너 애플리케이션은 아무런 수정 없이 공공용 클라우드 간에도 이동이 가능하고 심지어 사설용 클라우드로의 이동도 가능하기 때문이다. 예를 들어 아마존 AWS에 있던 컨테이너 애플리케이션이 그대로 마이크로소프트 애저 환경으로 또는 사설용 클라우드로 이동이 가능하다.

이번 장을 마치며 ☁

- Big Data는 과거 대규모 데이터를 저장하고 처리하는 방법이 없어 버려지는 데이터를 클라우드 환경을 통해 데이터를 수집하고, 분석하여 의미 있는 정보나 통찰력(insight)을 추출하는 분야이다.
- Big Data는 데이터의 크기가 크고, 종류도 다양하고, 실시간 발생하는 특성이 있어 클라우드의 확장 가능한 IT 환경에 적합하다.
- 최근 Big Data를 활용하여 의사 결정 지원도구, 마케팅 효과 분석, 고객 분석 분야에 기업들의 활용이 늘어나고, Big Data를 활용한 신사업이 등장하고 있다.
- IoT는 사물에 부착되어 있는 센서를 통해 정보를 수집하고, 이를 인터넷에 연결된 서버를 통해 기존에 사물이 가진 기능에 홈케어, 헬스케어 등 새로운 부가적인 서비스를 제공한다.
- 클라우드는 IoT와 결합되어 센서 데이터의 수집과 지능형 서비스를 제공하는데 필요한 IT자원을 공급한다.
- 클라우드 서비스 브로커(Cloud Service Broker)는 발전된 형태의 혼합형 클라우드 서비스이다. CSB는 통합된 서비스 제공, 관리, 빌링을 제공하면서 최적의 서비스 품질과 비용 체계를 제공한다.
- 클라우드 환경이 혼합형 환경으로 진화하면서 애플리케이션의 이동이 자유로운 컨테이너(Container) 기술에 대한 관심이 높아지고 있다.

기업 클라우드의 미래

클라우드의 전환은 빠르고 대규모로 이루어질 것이다. 📶

클라우드의 등장으로 기업의 IT 환경이 급속도로 변화하고 있다. 클라우드의 시작은 컨설팅 회사의 주도로 시작되었으나 클라우드 적용을 통해 기업에게 주는 사업적 성과가 크기 때문에 이 흐름은 지속될 것이다. 그동안 그 혜택을 스타트업 기업이나 중소기업이 주로 인식하고 클라우드를 활용하였지만 앞으로 중견 기업, 대기업으로 클라우드의 적용이 더 급격하고 대규모로 이루어질 것이다.

이러한 변화가 일어나기 위해서는 기업 경영진과 내부 조직원들의 지지가 있어야 하고, 이러한 지지를 받기 위해서는 IT부서가 적극적으로 새로운 기술을 받아 드리고 더 적극적으로 현업과 소통을 통해 IT부서가 적극적으로 클라우드 전환을 추진하면서 지원부서가 아니라 사업의 핵심부서로서의 위상을 구축해야 한다.

클라우드 전환의 전략 수립 단계부터 구축과 운영에 이르기까지 쉬운 단계는 없고, 일이 착수되었다고 순조롭게 진행되어지지 않을 것이다. 하지만 체계적인 클라우드 전환을 통해 기업이 보유한 IT 환경의 아키텍처가 만들어지고, 체계적인 개발이 이루어질 수 있을 것이다. 이를 통해 무엇보다 기업의 IT 기술 역량이 한층 강화되고 기술을 통한 사업 기여도 실현될 수 있을 것이다.

클라우드 도입으로 업무 방식에 변화가 일어날 것이다. ☁

클라우드 전략은 클라우드를 도입하면 끝나는 것이 아니다. 클라우드의 성과는 운영을 통해 나타난다. 안정적인 서비스를 위해 문제점을 사전에 예방하도록 대응하고, 24시간 대응 체계를 통해 서비스 중단이 사업적 피해로 연결되지 않도록 할 것이다. IT 비용에 대해서는 늘 관심을 가지고 사용 추이와 IT 인프라 비용의 흐름을 파악하여 최대한 비용을 절감할 수 있는 방안을 도출해 내어 결국 급속히 늘어날 수밖에 없는 IT 수요에 효과적으로 대응할 수 있는 방안을 마련해야 한다.

기업은 클라우드의 도입으로 기업의 업무 방식, 조직의 역할, IT 인력 구조, 시스템 운영 방식은 물론 재무 처리 방식까지도 변화한다. 필요한 IT자원을 즉각 조달하고, 비용 처리도 지금의 방식과 다르게 투자가 아닌 비용으로 처리되고, 단순 IT 운영인력이 거의 필요하지 않고, IT 전문가들이 사업을 위해 기여할 수 있는 근본적인 변화가 있게 될 것이다.

클라우드를 활용한 새로운 사업이 등장할 것이다. ☁

앞으로 모든 기업 활동이 IT 기술을 바탕으로 이루어지기 때문에 클라우드 활용은 더욱더 커질 것이다. 최근 각광을 받고 있는 Big Data나 IoT 모두 클라우드 서비스 없이는 상상할 수 없는 서비스들이다. 앞으로 클라우드를 활용하여 기업의 핵심 사업에 기여할 수 있는 방법을 찾아내기 위한 수많은 시도가 계속 될 것이다. 과거 DNA 분석을 통한 치료제 개발과 machine learning을 통한 인공 지능 서비스 같은 기술이 엄청난 IT자원의 한계로 인해 상용화 되지 못했지만 이제는 클라우드를 통해 다시 각광을 받을 것으로 예상된다.

클라우드를 통해 기존 SI 사업이 변화할 것이다. ☁

클라우드는 파괴적인 기술이므로 앞으로 IT 산업에도 큰 변화를 가져올 것으로 생각된다. 서버 등 인프라를 직접 구매하고, 라이선스 방식으로 SW 구매하고, SI 방식으로 애플리케이션을 개발하는 기존의 사업에 큰 변화가 일어날 것이다.

이미 서버, 저장장치, 네트워크 장비 같은 HW 장비 사업자의 가장 큰 고객이 클라우드 사업자가 된 지 오래고, 라이선스 방식으로 거대 기업으로 성장한 마이크로소프트, 오라클도 기존의 사업 모델을 클라우드로 전환하는 작업을 진행하고 있다. 이들 기업들의 분위기는 클라우드 기업으로 변화하지 않으면 생존이 불가능할 것이라는 절박한 생각을 가지고 있다.

그러면 그 다음 변화가 일어날 사업은 SI 사업이다. 과거 주어진 애플리케이션 개발 과제를 수주하면 장기간 서비스를 가정하고 충분히 여유 있는 규모의 HW 장비를 발주하고, 또한 최고의 SW 패키지와 이들 SW의 유지보수 계약을 체결하고, 많은 개발자를 통해 애플리케이션을 개발하였다. 이런 구축형 사업은 시스템이 완성된 이후의 미래 상황을 예측할 수 없고 중간에 문제가 생겼다고, 다시 예산을 확보할 수 없으므로 당연히 충분한 장비를 구축하고, 구축 이후에도 장비의 관리 유지 비용이 그대로 유지되었다. 따라서 많은 예산이 HW와 SW 구매와 유지보수에 들어갔다.

클라우드 환경에서는 그동안 HW 구매와 SW 라이선스의 마진으로 사업을 영위한 SI 업체는 더 이상 생존하기 어려운 상황이 될 것이다. 그 동안 안정적인 사업을 해 오던 그룹 IT 회사도 이제는 치열한 경쟁을 해야 한다. 연간 계약은 힘들어지고 경우에 따라서는 사용량에 따른 월간 계약이 이루어질 수 있다. 따라서 HW와 SW 유통 사업이 아니라 기술력, 개발력으로 승부를 걸어야 하는 사업으로 변화할 것이다. 이러한 변화는 기존의 SI 기업에게는 큰 도전이 될 것이다. 어쩌면 클라우드가 SI 사업의 종말을 가져

올 수 있겠다는 생각을 조심스럽게 해 본다.

피할 수 없으면 즐기라는 말이 있다. 클라우드는 잠시 지나가는 유행이나 흐름이 아니고 결국 IT 산업이 발전해 나가는 과정에서 반드시 거쳐 가는 단계이다. 클라우드를 잘 활용하는 기업은 IT 기술의 혜택을 충분히 누리게 될 것이고, 그렇지 않은 기업은 점점 더 IT가 기업 활동의 부담으로 작용할 것이다. 신속히 클라우드 중심으로 IT 전략을 수립하고 추진하여 기업들의 경쟁력을 높이고, IT에 관련된 부담은 클라우드에 맡기고 핵심 사업에서 승승장구하기를 기대해 본다.

참고문헌

- Amazon AWS 관련 web 자료

- Microsoft Azure 관련 web 자료

- Google Cloud 관련 web 자료

- VMWare 관련 web 자료

- Oracle 관련 web 자료

- HP 관련 web 자료

- Datapipe web 자료

- TTA 자료

- 기업혁신을 위한 클라우드 여행, 이영훈, 혜지원, 2015.01.20.

- 아마존 웹 서비스를 다루는 기술, 이재홍, 길벗, 2014.09.30.

- 클라우드 컴퓨팅 : 개념에서 설계 아키텍처까지, 저자 : 토마스 얼, 자이엄 마흐무드, 리카르도 푸티니, 역자 : 강송희, 강서연, 김인정, 에이콘출판, 2014.02.21. / 원제 Cloud Computing : Concepts Technology & Architecture

- 클라우드로 혁신하라 : 비즈니스 가치를 높이는 MS의 클라우드 핵심 전략, 저자 : 판카즈 아로라, 라즈 비야니, 살릴 데이브, 역자 : 현동식, 정보문화사, 2014.01.07. / 원제 To the Cloud : Cloud Powering an Enterprise

- 한눈에 보는 실전 클라우드 프로젝트 : 클라우드 기본과 프로세스 아키텍처 설계와 구현 보안 데브옵스까지 실증 도구와 사례, 강송희, 에이콘출판, 2013.11.29.

- 클라우드 컴퓨팅 설계 및 구현, 고대식, 김경섭, 최완, 홍릉과학출판사, 2012.08.30.

- 클라우드 인프라스트럭처 : 가상화 데이터센터와 클라우드 인프라스트럭처 디자인하는데 필요한 지식, 한국EMC EDUCATION SERVICES, 전자신문사, 2012.04.19.

- 클라우드 컴퓨팅 바이블 : IT 패러다임을 바꾸는 새로운 컴퓨팅 환경의 도래, 저자 : 배리 소신스키, 역자 : 정원천, 김양수, 길벗, 2012.02.03. / 원제 Cloud computing bible

- 클라우드 컴퓨팅과 스피드경영, 저자 : 마이클 휴고스, 데릭 헐리츠키, 역자 : 심동희, 나남, 2011.08.20. / 원제 Business in the Cloud

- 클라우드 컴퓨팅 구현 기술 : 구글 페이스북 야후 아마존이 채택한 핵심 기술 파헤치기, 김형준, 조준호, 안성화, 김병준, 에이콘출판, 2011.01.05.

기업 클라우드 IT 전략

1판 1쇄 발행   2016년 04월 10일
1판 2쇄 발행   2018년 05월 31일
저   자 조문증
발 행 인 이범만
발 행 처 **21세기사** (제406-00015호)
          경기도 파주시 산남로 72-16 (10882)
          Tel. 031-942-7861   Fax. 031-942-7864
          E-mail : 21cbook@naver.com
          Home-page : www.21cbook.co.kr
          ISBN 978-89-8468-656-4

정가 18,000원